Durchstarten mit React

Web-Apps einfach und modular entwickeln

Durchstarten mit React

Web-Apps einfach und modular entwickeln

Stoyan Stefanov

O'REILLY®

Stoyan Stefanov

Lektorat: Ariane Hesse
Korrektorat: Sibylle Feldmann
Herstellung: Susanne Bröckelmann
Umschlaggestaltung: Michael Oréal, www.oreal.de
Satz: III-satz, www.drei-satz.de
Druck und Bindung: Media-Print Informationstechnologie,
mediaprint-druckerei.de

Bibliografische Information der Deutschen Nationalbibliothek
Die Deutsche Nationalbibliothek verzeichnet diese Publikation in der Deutschen Nationalbibliografie; detaillierte bibliografische Daten sind im Internet über *http://dnb.d-nb.de* abrufbar.

ISBN
Print: 978-3-96009-042-7
PDF: 978-3-96010-090-4
ePub: 978-3-96010-091-1
mobi: 978-3-96010-092-8

Dieses Buch erscheint in Kooperation mit O'Reilly Media, Inc. unter dem Imprint »O'REILLY«. O'REILLY ist ein Markenzeichen und eine eingetragene Marke von O'Reilly Media, Inc. und wird mit Einwilligung des Eigentümers verwendet.

1. Auflage 2017

Wieblinger Weg 17
69123 Heidelberg

5 4 3 2 1 0

Für Eva, Zlatina und Nathalie

Inhalt

Vorwort

Ein weiterer wunderschöner, warmer Abend in Kalifornien. Durch die leichte Meeresbrise fühlt man sich rundum wohl. – »Aaaah!« Der Ort: Los Angeles; die Zeit: Zweitausendirgendwas. Ich war gerade dabei, meine kleine neue Web-App namens CSSsprites.com per FTP auf meinen Server zu laden und der Welt zu zeigen. Dabei dachte ich über ein Problem nach, mit dem ich mich die letzten paar Abende herumgeschlagen hatte: Warum zum Henker braucht man 20 % der Arbeit, um die Kernelemente der App zu erstellen, und verbringt dann die restlichen 80 % damit, sich mit der Benutzeroberfläche herumzuschlagen? Wie viel mehr Tools hätte ich schreiben können, wenn ich nicht die ganze Zeit `getElementById()` verwenden und mir Gedanken um den Status der App machen müsste? (Ist der Anwender mit dem Hochladen fertig? Was, ein Fehler? Ist das Dialogfenster immer noch offen?) Warum ist die UI-Entwicklung so zeitaufwendig? Und was soll das mit den ganzen verschiedenen Browsern? Nach und nach verwandelte sich das »Aaaah!« in ein »Aaargh!«.

Sprung auf die F8-Konferenz von Facebook im März 2015. Das Team, zu dem ich gehöre, wird zwei Web-Apps ankündigen, die komplett neu geschrieben wurden: unser Kommentartool für fremde Seiten und ein Moderationstool, um die Kommentare zu verwalten. Verglichen mit meiner kleinen CSSsprites.com-App, handelt es sich bei den beiden Anwendungen um richtig große Web-Apps mit weitaus mehr Features, mehr Möglichkeiten und einer unglaublich hohen Traffic-Last. Aber die Entwicklung war ein Klacks. Kollegen, die neu zur App-Entwicklung hinzustießen (und die zum Teil noch nicht einmal Erfahrung mit JavaScript und CSS hatten), waren schnell und problemlos dazu in der Lage, hier ein Feature hinzuzufügen oder dort etwas zu verbessern. Wie ein Teammitglied sagte: »Aha, jetzt verstehe ich, wovon hier alle so begeistert sind!«

Was ist dazwischen passiert? React.

React ist eine Bibliothek, mit der UIs gebaut werden können – es hilft Ihnen dabei, das UI ein für alle Mal zu definieren. Wenn sich dann der Status der Anwendung ändert, *reagiert* das UI auf diese Änderungen, und Sie müssen sich keine Gedanken mehr darüber machen. Denn schließlich haben Sie das UI schon definiert.

Definiert? Eher *deklariert*. Sie verwenden kleine, handhabbare *Komponenten*, um eine große und mächtige App zu bauen. In Ihren Funktionen brauchen Sie nicht mehr die Hälfte der Codezeilen, um DOM-Knoten aufzustöbern – stattdessen kümmern Sie sich nur um den `state` der Anwendung (mit einem guten alten JavaScript-Objekt), während der Rest von allein geschieht.

Durch das Erlernen von React haben Sie gleich eine Reihe von Vorteilen – Sie machen sich mit einer Bibliothek vertraut und können diese dann für folgende Bereiche einsetzen:

- Webanwendungen
- native iOS- und Android-Apps
- Canvas-Anwendungen
- TV-Apps
- native Desktopanwendungen

Sie können native Anwendungen mit nativer Performance und nativen Steuerelementen erstellen (wirklich nativen Steuerelementen – nicht Kopien davon, die nur so aussehen) und dabei die gleichen Konzepte für das Erstellen von Komponenten und UIs einsetzen. Es geht nicht um »write once, run everywhere« (bei dem unsere Branche immer noch strauchelt), sondern um »learn once, use everywhere«.

Lange Rede, kurzer Sinn: Erlernen Sie React, und Sie erhalten 80 % Ihrer Zeit zurück, um sich auf die wirklich wichtigen Dinge zu konzentrieren (wie zum Beispiel den Grund, warum Sie die App schreiben).

Über dieses Buch

Dieses Buch konzentriert sich darauf, React aus Sicht der Webentwicklung zu erlernen. In den ersten drei Kapiteln beginnen Sie mit einer leeren HTML-Datei, die Sie nach und nach mit Leben füllen. So können Sie sich auf das Erlernen von React fokussieren und müssen sich nicht gleich mit der neuen Syntax oder zusätzlichen Tools herumschlagen.

In Kapitel 4 wird JSX vorgestellt, bei dem es sich um eine zusätzliche, optionale Technik handelt, die aber meist zusammen mit React zum Einsatz kommt.

Anschließend geht es darum, was Sie zum Entwickeln einer echten Anwendung brauchen und welche Werkzeuge Ihnen dabei helfen können. So werden zum Beispiel Tools zum Packen von JavaScript-Code vorgestellt (Browserify), für das Unit Testing (Jest), Linting (ESLint), die Typisierung (Flow), das Organisieren des Datenflusses innerhalb der Anwendung (Flux) und für immutable Daten (Immutable.js). Bei all diesen Themen werden die Zusatztools aber immer nur kurz präsentiert, denn der Fokus soll weiterhin auf React liegen. Sie werden sich mit diesen Tools vertraut machen und dann selbst entscheiden können, welche Sie einsetzen wollen.

Viel Glück auf Ihrer Reise – sei sie angenehm und ergiebig!

Welchen Konventionen dieses Buch folgt

Die folgenden typografischen Konventionen werden in diesem Buch genutzt:

Kursiv
: Für neue Begriffe, URLs, E-Mail-Adressen, Dateinamen und Dateierweiterungen.

`Nichtproportionalschrift`
: Für Programmlistings, aber auch für Codefragmente in Absätzen, wie zum Beispiel Variablen- oder Funktionsnamen, Datenbanken, Datentypen, Umgebungsvariablen, Anweisungen und Schlüsselwörter.

`Fette Nichtproportionalschrift`
: Für Befehle und anderen Text, der genau so vom Benutzer eingegeben werden sollte.

`Kursive Nichtproportionalschrift`
: Für Text, der vom Benutzer durch eigene Werte ersetzt werden sollte.

Dieses Symbol steht für einen Tipp, Vorschlag oder allgemeinen Hinweis.

Dieses Symbol steht für eine allgemeine Anmerkung.

Der Einsatz von Codebeispielen

Zusätzliches Material (Codebeispiele, Übungen usw.) finden Sie (auf Englisch) zum Herunterladen auf *https://github.com/stoyan/reactbook*.

Dieses Buch ist dazu gedacht, Ihnen bei der Erledigung Ihrer Arbeit zu helfen. Im Allgemeinen dürfen Sie den Code in diesem Buch in Ihren eigenen Programmen oder Dokumentationen verwenden. Solange Sie den Code nicht in großem Umfang reproduzieren, brauchen Sie uns nicht um Erlaubnis zu bitten. Zum Beispiel benötigen Sie nicht unsere Erlaubnis, wenn Sie ein Programm unter Zuhilfenahme einiger Codestücke aus diesem Buch schreiben. Wollen Sie allerdings einen Datenträger mit Beispielen aus O'Reilly-Büchern verkaufen oder vertreiben, müssen Sie eine Genehmigung von uns einholen. Eine Frage mit einem Zitat oder einem Codebeispiel aus dem Buch zu beantworten, erfordert keine Genehmigung. Signifikante Teile des Beispielcodes aus diesem Buch für die eigene Produktdokumentation zu verwerten, ist dagegen genehmigungspflichtig. Wir freuen uns über eine Quellenangabe, verlangen sie aber nicht unbedingt. Zu einer Quellenangabe gehören normalerweise Autor, Titel, Verlagsangabe, Veröffentlichungsjahr und ISBN, hier also: »Stoyan Stefanov, Durchstarten mit React, O'Reilly Verlag 2017, ISBN 978-3-96009-042-7«.

Sollten Sie das Gefühl haben, Ihre Verwendung der Codebeispiele könnte gegen das Fairnessprinzip oder die Genehmigungspflicht verstoßen, nehmen Sie bitte unter *kommentar@oreilly.de* Kontakt mit uns auf.

Danksagungen

Ich möchte mich bei allen bedanken, die die verschiedenen Entwurfszustände dieses Buchs gelesen und Rückmeldung sowie Verbesserungsvorschläge liefert haben: Andreea Manole, Iliyan Peychev, Kostadin Ilov, Mark Duppenthaler, Stephan Alber, Asen Bozhilov.

Vielen Dank an die Leute bei Facebook, die an (oder mit) React arbeiten und meine Fragen unermüdlich beantworten. Mein Dank geht auch an die große React-Community, die tolle Tools, Bibliotheken, Artikel und Einsatzmuster liefert.

Danke ebenfalls an Jordan Walke.

Vielen Dank an alle bei O'Reilly, die dazu beigetragen haben, dass dieses Buch entstehen konnte: Meg Foley, Kim Cofer, Nicole Shelby und viele weitere.

Ein großes Dankeschön geht an Yavor Vatchkov, der das UI für die Beispielanwendung entworfen hat, die in diesem Buch aufgebaut wird (probieren Sie sie unter *whinepad.com* aus).

KAPITEL 1
Hallo Welt

Beginnen wir unsere Reise durch die Anwendungsentwicklung mit React. In diesem Kapitel werden Sie erfahren, wie Sie React einrichten, und dafür werden Sie Ihre erste »Hallo Welt«-Anwendung schreiben.

Einrichten

Zunächst brauchen Sie die React-Bibliothek. Zum Glück stellt sich das als ganz einfach heraus.

Rufen Sie *http://reactjs.com* auf (was auf die offizielle GitHub-Seite *https://facebook.github.io/react/* weiterleiten sollte), klicken Sie auf den *Download*-Button und dann auf *Download Starter Kit*, um eine ZIP-Datei herunterzuladen. Packen Sie die Datei aus und kopieren Sie das Verzeichnis darin an einen Ort, an dem Sie es wiederfinden können, zum Beispiel:

```
mkdir ~/reactbook
mv ~/Downloads/react-15.3.1/ ~/reactbook/react
```

Jetzt sollte Ihr Arbeitsverzeichnis (*reactbook*) wie in Abbildung 1-1 gezeigt aussehen.

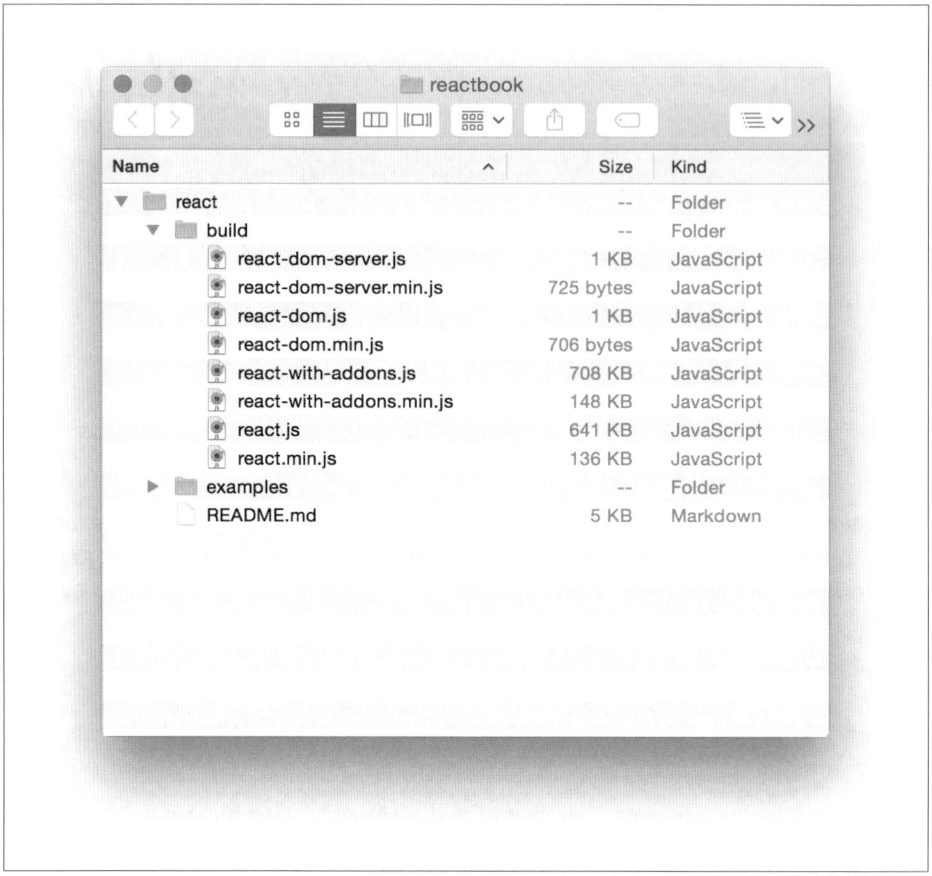

Abbildung 1-1: Der Inhalt Ihres React-Verzeichnisses

Sie brauchen jetzt zunächst nur die Datei *~/reactbook/react/build/react.js*. Über die anderen Dateien werden Sie im weiteren Verlauf mehr erfahren.

Beachten Sie, dass React keine bestimmte Verzeichnisstruktur erwartet – Sie können das Verzeichnis verschieben oder sogar *react.js* selbst umbenennen, wenn Ihnen das besser passt.

Hallo React-Welt

Beginnen wir mit einer einfachen Seite in Ihrem Arbeitsverzeichnis (*~/reactbook/01.01.hello.html*):

```
<!DOCTYPE html>
<html>
  <head>
    <title>Hallo React</title>
    <meta charset="utf-8">
  </head>
  <body>
    <div id="app">
      <!-- hier wird meine App gerendert -->
    </div>
    <script src="react/build/react.js"></script>
    <script src="react/build/react-dom.js"></script>
    <script>
      // der Code meiner App
    </script>
  </body>
</html>
```

> Sie finden den Code dieses Buchs im zugehörigen Repository (*https://github.com/stoyan/reactbook/*).

In dieser Datei geschehen eigentlich nur zwei erwähnenswerte Dinge:

- Sie binden die React-Bibliothek und deren DOM-Add-on ein (per `<script src>`-Tags).
- Sie definieren, wo Ihre Anwendung auf der Seite unterkommen soll (`<div id="app">`).

> Sie können jederzeit normale HTML-Inhalte und auch andere JavaScript-Bibliotheken mit einer React-App kombinieren. Außerdem ist es möglich, mehrere React-Apps auf der gleichen Seite einzusetzen. Sie brauchen nur einen Platz im DOM, auf den Sie React hinweisen und es bitten, dort seine Magie walten zu lassen.

Lassen Sie uns nun den Code für das »Hallo« hinzufügen. Passen Sie *01.01.hello.html* an und ersetzen Sie `// der Code meiner App` durch:

```
ReactDOM.render(
  React.DOM.h1(null, "Hallo Welt!"),
  document.getElementById("app")
);
```

Laden Sie *01.01.hello.html* in Ihren Browser, wird Ihre neue Anwendung ausgeführt (Abbildung 1-2).

Abbildung 1-2: Hallo Welt in Aktion

Herzlichen Glückwunsch, Sie haben gerade Ihre erste React-Anwendung gebaut!

In Abbildung 1-2 sehen Sie in den Chrome Developer Tools auch den durch Ihre React-App generierten Code, der den Inhalt des Platzhalters `<div id="app">` ersetzt.

Was ist da gerade passiert?

In dem Code für Ihre erste App gibt es ein paar interessante Stellen.

Schauen Sie sich zuerst den Einsatz des `React`-Objekts an. Alle für Sie verfügbaren APIs erreichen Sie über dieses Objekt. Die API ist absichtlich minimal gehalten, sodass Sie sich nicht so viele Methodennamen merken müssen.

Es gibt hier auch ein Objekt `ReactDOM`. Dieses besitzt nur ein paar Methoden, von denen `render()` die nützlichste ist. Die Methoden dieses Objekts waren zuvor Teil des `React`-Objekts, sind aber seit Version 0.14 davon getrennt, um zu verdeutlichen, dass das eigentliche Rendern der Anwendung ein eigenständiges Thema ist. Sie können eine React-App erstellen, die in unterschiedlichen Umgebungen gerendert wird – zum Beispiel in HTML (dem Browser-DOM), Canvas oder nativ in Android oder iOS.

Als Nächstes wollen wir auf das Konzept der *Komponenten* eingehen. Sie bauen Ihr UI mithilfe von Komponenten auf, die Sie nach Wunsch kombinieren. In Ihren Anwendungen werden Sie Ihre eigenen Komponenten erstellen, aber für einen einfachen Start bietet React Wrapper um die HTML-DOM-Elemente an. Diese Wrapper erreichen Sie über das Objekt React.DOM. Im ersten Beispiel wird dabei die h1-Komponente verwendet. Diese entspricht dem HTML-Element <h1>, und Sie nutzen sie über einen Aufruf von React.DOM.h1().

Schließlich gibt es noch den guten alten DOM-Zugriff per document.getElementById("app"). Damit teilen Sie React mit, wo die Anwendung auf der Seite untergebracht werden sollte – die Brücke zwischen der altbekannten DOM-Bearbeitung und dem gelobten neuen React-Land.

> Haben Sie die Brücke vom DOM zu React überquert, brauchen Sie sich über DOM-Zugriffe keine Gedanken mehr zu machen, da sich React um die Umsetzung der Komponenten für die zugrunde liegende Plattform (Browser-DOM, Canvas, native Anwendung) kümmert. Sie müssen sich nicht kümmern, aber Sie können es weiterhin. React bietet »Fluchtwege«, falls Sie aus welchen Gründen auch immer zurück ins DOM-Land wechseln müssen.

Nachdem Sie jetzt wissen, was jede einzelne Zeile tut, schauen wir uns das große Ganze an. Was ist hier passiert? Sie haben eine React-Komponente in einem DOM-Element Ihrer Wahl gerendert. Sie rendern immer eine Komponente auf oberster Ebene, die wiederum so viele Kind-Komponenten (und Enkel-Komponenten usw.) haben kann, wie Sie brauchen. Tatsächlich besitzt selbst in diesem einfachen Beispiel die h1-Komponente ein Kind – den Text »Hallo Welt!«

React.DOM.*

Wie Sie jetzt wissen, können Sie eine ganze Reihe von HTML-Elementen über das Objekt React.DOM als React-Komponenten einsetzen (in Abbildung 1-3 sehen Sie, wie Sie eine vollständige Liste über die Konsole Ihres Browsers erhalten). Schauen wir uns diese API genauer an.

> Beachten Sie den Unterschied zwischen React.DOM und ReactDOM. Ersteres ist eine Sammlung fertiger HTML-Elemente, Letzteres eine Möglichkeit, die App im Browser zu rendern (denken Sie an ReactDOM.render()).

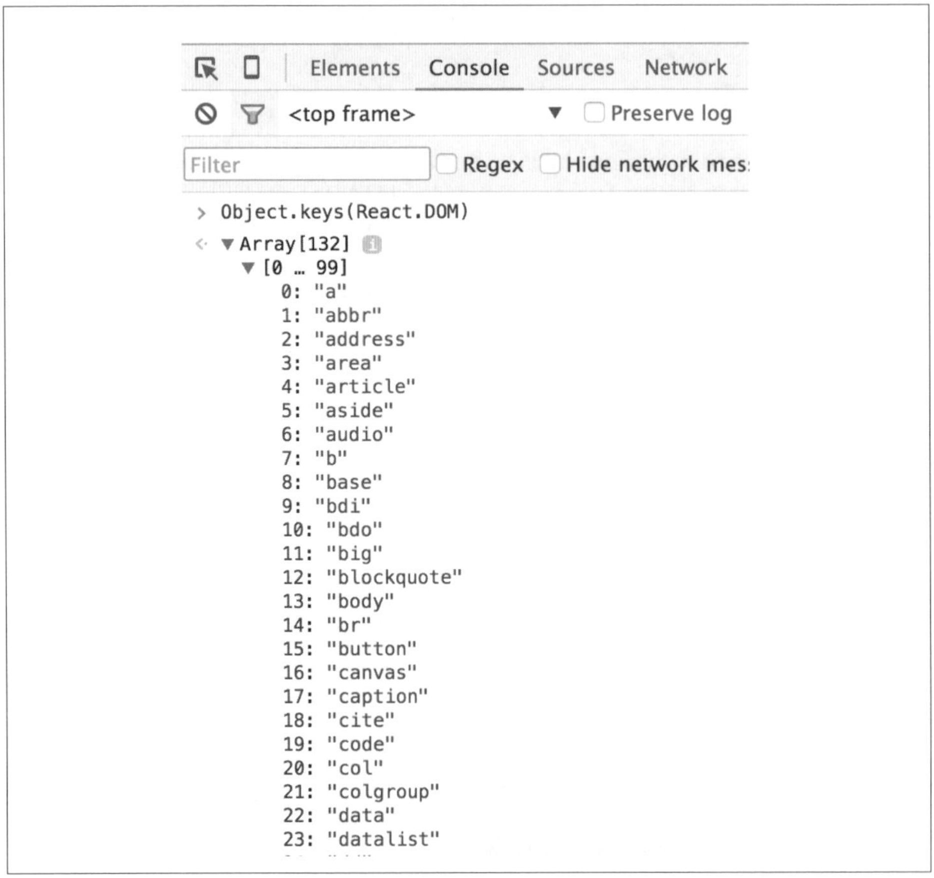

Abbildung 1-3: Liste der Eigenschaften von React.DOM

Schauen wir uns die Parameter an, die alle Methoden von `React.DOM.*` übernehmen. Werfen Sie dazu noch mal einen Blick auf die »Hallo Welt!«-Anwendung:

```
ReactDOM.render(
  React.DOM.h1(null, "Hallo Welt!"),
  document.getElementById("app")
);
```

Beim ersten Parameter von `h1()` (der in diesem Fall `null` ist) handelt es sich um ein Objekt, in dem Eigenschaften (stellen Sie sich DOM-Attribute vor) an Ihre Komponente übergeben werden. So ist zum Beispiel Folgendes möglich:

```
React.DOM.h1(
  {
    id: "my-heading"
  },
  "Hallo Welt!"
),
```

Den von diesem Beispiel generierten HTML-Code sehen Sie in Abbildung 1-4.

Abbildung 1-4: Durch einen Aufruf von React.DOM erzeugter HTML-Code

Der zweite Parameter (in diesem Beispiel `"Hallo Welt!"`) definiert ein Kind der Komponente, im einfachsten Fall ein Text-Kind (in DOM-Sprache ein `Text`-Knoten), wie im vorigen Beispiel zu sehen. Aber Sie können so viele verschachtelte Kind-Komponenten nutzen, wie Sie möchten, und diese als zusätzliche Funktionsparameter übergeben, zum Beispiel:

```
React.DOM.h1(
  {id: "my-heading"},
  React.DOM.span(null, "Hallo"),
  " Welt!"
),
```

Ein weiteres Beispiel, dieses Mal mit verschachtelten Komponenten (das Ergebnis sehen Sie in Abbildung 1-5):

```
React.DOM.h1(
  {id: "my-heading"},
  React.DOM.span(null,
    React.DOM.em(null, "Hall"),
    "o"
  ),
  " Welt!"
),
```

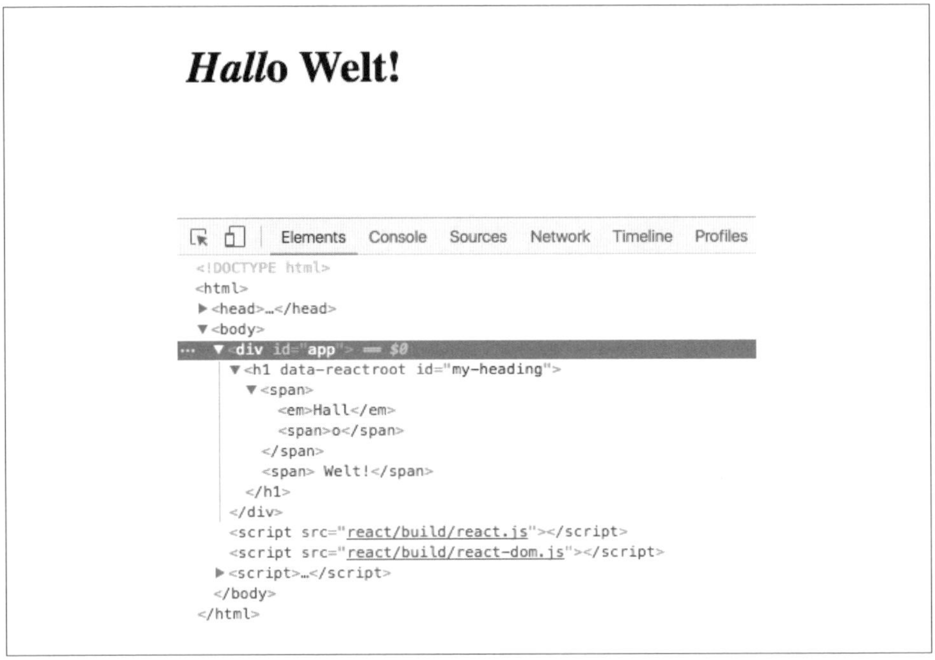

Abbildung 1-5: HTML-Code, der durch verschachtelte React.DOM-Aufrufe erstellt wurde

Beim Einsatz verschachtelter Komponenten werden Sie sich sehr schnell zwischen vielen Funktionsaufrufen und Klammern wiederfinden, die Sie im Auge behalten müssen. Zur Vereinfachung können Sie die *JSX-Syntax* verwenden. JSX wird später vorgestellt (siehe Kapitel 4), daher werden wir uns so lange noch mit der reinen JavaScript-Syntax herumschlagen. JSX ist durchaus nicht unumstritten, viele Menschen finden es häufig zuerst abschreckend (»Ihh, XML in meinem JavaScript!«), später dann aber unverzichtbar. Um Ihnen einen kleinen Vorgeschmack darauf zu geben – so sieht der vorige Codeschnipsel in JSX-Syntax aus:

```
ReactDOM.render(
  <h1 id="my-heading">
    <span><em>Hall</em>o</span> Welt!
  </h1>,
  document.getElementById("app")
);
```

Besondere DOM-Attribute

Es gibt ein paar besondere DOM-Attribute, die Sie beachten sollten: `class`, `for` und `style`.

class und for können Sie nicht verwenden, weil es sich dabei in JavaScript um reservierte Wörter handelt. Stattdessen müssen Sie className und htmlFor einsetzen:

```
// falsches Beispiel
// dieser Code funktioniert nicht
React.DOM.h1(
  {
    class: "pretty",
    for: "me",
  },
  "Hallo Welt!"
);

// richtiges Beispiel
// dieser Code funktioniert
React.DOM.h1(
  {
    className: "pretty",
    htmlFor: "me",
  },
  "Hallo Welt!"
);
```

Beim style-Attribut können Sie nicht einfach, wie bei normalem HTML, einen String verwenden, Sie müssen ein JavaScript-Objekt einsetzen. Es ist immer eine gute Idee, Strings zu vermeiden, um das Risiko von Cross-Site-Scripting-(XSS-) Angriffen zu verringern, daher ist das hier eine willkommene Änderung.

```
// falsches Beispiel
// dieser Code funktioniert nicht
React.DOM.h1(
  {
    style: "background: black; color: white; font-family: Arial",
  },
  "Hallo Welt!"
);

// richtiges Beispiel
// dieser Code funktioniert
React.DOM.h1(
  {
    style: {
      background: "black",
      color: "white",
      fontFamily: "Arial",
    }
  },
  "Hallo Welt!"
);
```

Beachten Sie, dass Sie bei CSS-Attributen die JavaScript-API-Namen verwenden müssen, also zum Beispiel fontFamily statt font-family.

Browsererweiterung React DevTools

Haben Sie Ihre Browserkonsole geöffnet, während Sie mit den Beispielen in diesem Kapitel spielen, sind Sie eventuell über folgende Nachricht gestolpert: »Download the React DevTools for a better development experience: *https://fb.me/react-devtools*.« Rufen Sie die URL auf, finden Sie Links zum Installieren einer Browsererweiterung, die beim Debuggen von React-Anwendungen sehr nützlich sein kann (Abbildung 1-6).

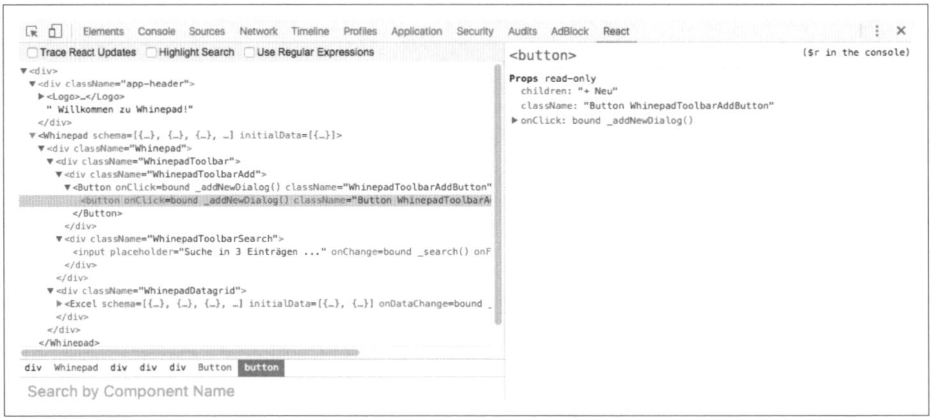

Abbildung 1-6: Erweiterung von Chrome durch die React DevTools

Auf den ersten Blick mag diese Erweiterung verwirrend sein, aber wenn Sie sich bis Kapitel 4 vorgearbeitet haben, werden sie Sie ausgesprochen sinnvoll finden.

Als Nächstes: eigene Komponenten

Sie sind jetzt mit der einfachen »Hallo Welt!«-Anwendung fertig und wissen nun:

- wie Sie die React-Bibliothek installieren, einrichten und verwenden (es sind wirklich nur zwei `<script>`-Tags),
- wie Sie eine React-Komponente an einer beliebigen DOM-Position rendern (zum Beispiel `React.DOM.render(reactWhat, domWhere)`) und
- wie Sie vorgefertigte Komponenten als Wrapper normaler DOM-Elemente einsetzen (zum Beispiel `React.DOM.div(attributes, children)`).

Die Möglichkeiten von React können Sie aber nur richtig ausspielen, wenn Sie eigene Komponenten nutzen, um das UI Ihrer App zu bauen (und aktuell zu halten!). Schauen wir uns das im nächsten Kapitel an.

KAPITEL 2

Das Leben einer Komponente

Nachdem Sie nun wissen, wie Sie mit den fertigen DOM-Komponenten arbeiten können, sollen Sie im Folgenden erfahren, wie Sie selbst welche bauen können.

Minimalversion

Die API zum Erstellen einer neuen Komponente sieht so aus:

```
var MyComponent = React.createClass({
  /* Spezifikation */
});
```

Bei der »Spezifikation« handelt es sich um ein JavaScript-Objekt, das eine Methode `render()` besitzen muss und eine Reihe optionaler Methoden und Eigenschaften haben kann. Ein minimales Beispiel kann so aussehen:

```
var Component = React.createClass({
  render: function() {
    return React.DOM.span(null, "Ich bin so neugierig");
  }
});
```

Wie Sie sehen, muss zwingend nur die Methode `render()` implementiert werden. Diese muss eine React-Komponente zurückgeben. Daher enthält das Beispiel ein `span` – reiner Text kann nicht zurückgegeben werden.

Ihre Komponente können Sie genau so wie die DOM-Komponenten verwenden:

```
ReactDOM.render(
  React.createElement(Component),
  document.getElementById("app")
);
```

Das Ergebnis Ihrer eigenen Komponente sehen Sie in Abbildung 2-1.

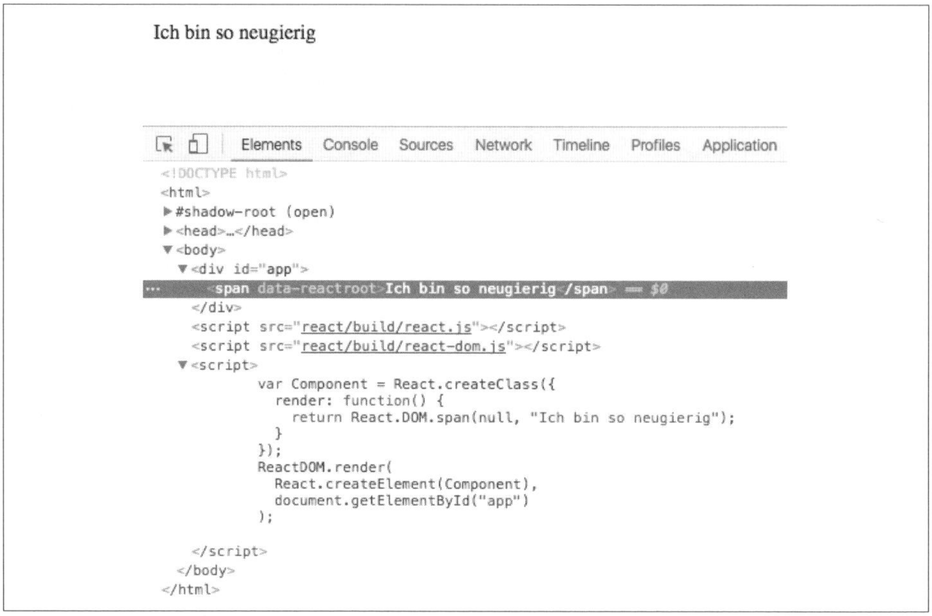

Abbildung 2-1: Ihre erste eigene Komponente

`React.createElement()` ist eine Möglichkeit, eine »Instanz« Ihrer Komponente zu erzeugen. Eine andere – sofern Sie viele Instanzen anlegen wollen – ist der Einsatz einer Fabrik:

```
var ComponentFactory = React.createFactory(Component);

ReactDOM.render(
  ComponentFactory(),
  document.getElementById("app")
);
```

Bei den Methoden aus `React.DOM.*`, die Ihnen schon vertraut sind, handelt es sich tatsächlich nur um Wrapper um `React.createElement()`, die Ihnen das Leben leichter machen sollen. Mit anderen Worten – dieser Code funktioniert auch mit DOM-Komponenten:

```
ReactDOM.render(
  React.createElement("span", null, "Hallo"),
  document.getElementById("app")
);
```

Wie Sie sehen, werden die DOM-Elemente als Strings und nicht wie bei eigenen Komponenten als JavaScript-Funktionen definiert.

Eigenschaften

Ihre Komponenten können Eigenschaften übernehmen und dann abhängig davon gerendert werden oder sich unterschiedlich verhalten. Alle Eigenschaften stehen über das Objekt `this.props` zur Verfügung. Schauen wir uns ein Beispiel an:

```
var Component = React.createClass({
  render: function() {
    return React.DOM.span(null, "Ich heiße " + this.props.name);
  }
});
```

Nun können wir die Eigenschaft beim Rendern der Komponente übergeben:

```
ReactDOM.render(
  React.createElement(Component, {
    Name: "Bob",
  }),
  document.getElementById("app")
);
```

Das Ergebnis sehen Sie in Abbildung 2-2.

> `this.props` ist schreibgeschützt zu behandeln. Eigenschaften lassen sich dazu verwenden, Konfigurationsdaten von Eltern-Komponenten an Kind-Komponenten weiterzugeben (und von Kind-Komponenten an Eltern-Komponenten, wie wir später noch sehen werden). Möchten Sie gern eine Eigenschaft von `this.props` setzen, nutzen Sie stattdessen zusätzliche Variablen oder Eigenschaften des Spezifikationsobjekts Ihrer Komponente (also `this.thing` statt `this.props.thing`). In Browsern, die ECMAScript5 unterstützen, ist es außerdem gar nicht möglich, `this.props` zu verändern, denn:
>
> ```
> > Object.isFrozen(this.props) === true; // true
> ```

Abbildung 2-2: Der Einsatz von Komponenteneigenschaften

propTypes

In Ihren Komponenten können Sie eine Eigenschaft namens `propTypes` hinzufügen, um die Liste der von der Komponente akzeptierten Eigenschaften und deren Typen zu deklarieren. Hier ein Beispiel:

```
var Component = React.createClass({
  propTypes: {
    name: React.PropTypes.string.isRequired,
  },
  render: function() {
    return React.DOM.span(null, "Ich heiße " + this.props.name);
  }
});
```

Der Einsatz von `propTypes` ist optional, aber er bietet verschiedene Vorteile:

- Sie deklarieren gleich zu Beginn, welche Eigenschaften Ihre Komponente erwartet. Anwender Ihrer Komponente müssen dann nicht im (potenziell länglichen) Quellcode der Funktion `render()` herumsuchen, um herauszufinden, welche Eigenschaften sie zum Konfigurieren der Komponente verwenden können.
- React prüft die Werte der Eigenschaften zur Laufzeit, sodass Sie Ihre Funktion `render()` schreiben können, ohne mit den empfangenen Daten defensiv (oder gar paranoid) umgehen zu müssen.

Schauen wir uns die Überprüfung in Aktion an. `name: React.PropTypes.string.isRequired` fordert ganz klar einen Stringwert für die Eigenschaft `name`. Vergessen Sie, den Wert mitzugeben, erhalten Sie eine Warnung in der Konsole (Abbildung 2-3):

```
ReactDOM.render(
  React.createElement(Component, {
    // name: "Bob",
  }),
  document.getElementById("app")
);
```

Sie erhalten auch eine Warnung, wenn Sie eine Eigenschaft mit einem falschen Typ versehen, zum Beispiel einer Zahl (Abbildung 2-4):

```
React.createElement(Component, {
  name: 123,
})
```

Abbildung 2-3: Warnung, wenn eine Pflichteigenschaft vergessen wird

Abbildung 2-4: Warnung bei einem falschen Typ

In Abbildung 2-5 sehen Sie, was für Typen in `PropTypes` zur Verfügung stehen, damit Sie Ihre Erwartungen deklarieren können.

> Das Deklarieren von `propTypes` ist in Ihren Komponenten optional, daher ist es auch möglich, ein paar, aber nicht alle Eigenschaften dort aufzuführen. Das klingt zwar nicht gerade nach einer guten Idee, aber Sie sollten sich der Möglichkeit bewusst sein, wenn Sie den Code anderer debuggen.

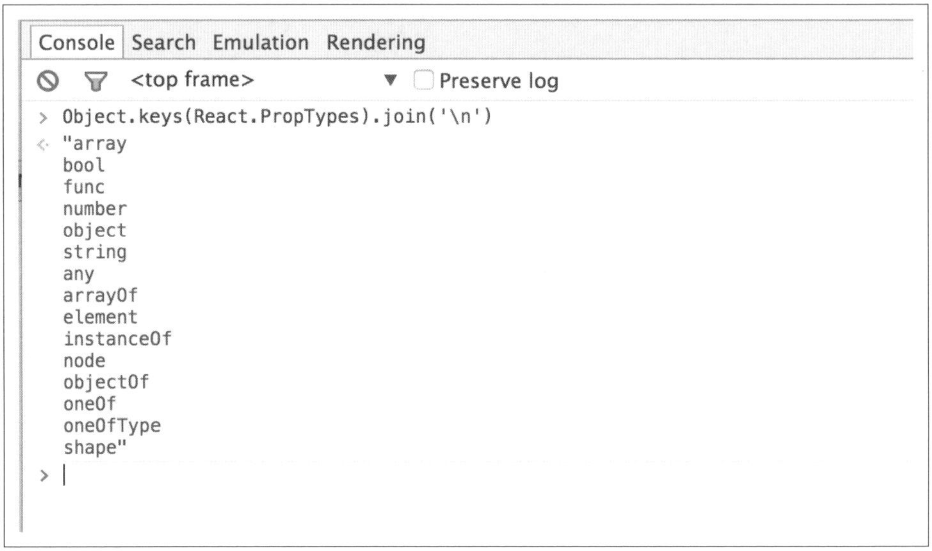

Abbildung 2-5: Alle React.PropTypes

Standardeigenschaftswerte

Können Ihrer Komponente optionale Eigenschaften mitgegeben werden, müssen Sie darauf achten, dass auch dann alles funktioniert, wenn die optionalen Eigenschaften fehlen. Das führt regelmäßig zu defensiven Standardcodezeilen wie:

```
var text = 'text' in this.props ? this.props.text : '';
```

Sie können es (um sich auf wichtigere Dinge konzentrieren zu können) vermeiden, solchen Code schreiben zu müssen, indem Sie die Methode `getDefaultProps()` implementieren:

```
var Component = React.createClass({
  propTypes: {
    firstName: React.PropTypes.string.isRequired,
    middleName: React.PropTypes.string,
    familyName: React.PropTypes.string.isRequired,
    address: React.PropTypes.string,
  },
```

```
  getDefaultProps: function() {
    return {
      middleName: '',
      address: 'n/a',
    };
  },

  render: function() {/* ... */}
});
```

Wie Sie sehen, gibt `getDefaultProps()` ein Objekt zurück, in dem vernünftige Werte für jede optionale Eigenschaft stehen (also die ohne `.isRequired`).

Status

Die bisherigen Beispiele waren ziemlich statisch (*stateless*, zustandslos). Das Ziel war, Ihnen eine Idee davon zu vermitteln, wie Sie Ihr UI aus Bausteinen aufbauen können. Aber React zeigt seine Stärken vor allem, wenn sich Daten in Ihrer Anwendung ändern (und gerade dort wird es auch mit der klassischen DOM-Anpassung im Browser kompliziert). React nutzt hier das Konzept des *Status* (`state`). Hierbei handelt es sich um die Daten, die Ihre Komponente zum Rendern verwendet. Ändert sich der Status, baut React das UI neu, ohne dass Sie etwas dafür tun müssen. Nachdem Sie also Ihr UI einmalig aufgebaut haben (in Ihrer Methode `render()`), müssen Sie sich nur noch darum kümmern, dass die Daten aktualisiert werden – das UI kann Ihnen egal sein. Denn Ihre `render()`-Methode enthält schließlich schon die Vorlage dafür, wie die Komponente aussehen soll.

> Die UI-Aktualisierungen nach einem Aufruf von `setState()` werden mit einem Queuing-Mechanismus vorgenommen, sodass mehrere Änderungen auf einmal vorgenommen werden können. Passen Sie `this.state` direkt an, kann das zu unerwartetem Verhalten führen, daher sollten Sie darauf verzichten. Behandeln Sie `this.state` wie `this.props` als schreibgeschützt – nicht nur, weil ein anderes Vorgehen semantisch gesehen keine gute Idee wäre, sondern auch, weil Sie sonst seltsame Verhaltensweisen beobachten könnten. Genauso sollten Sie `this.render()` nie selbst aufrufen – überlassen Sie das React, das Änderungen zusammenfasst, herausfindet, was minimal angepasst werden muss, und `render()` nur bei Bedarf aufruft.

So, wie Sie Eigenschaften über `this.props` ansprechen können, greifen Sie auf den Status über das Objekt `this.state` zu. Um ihn zu aktualisieren, verwenden Sie `this.setState()`. Wird diese Methode aufgerufen, startet React Ihre `render()`-Methode und aktualisiert das UI.

React aktualisiert das UI, wenn setState() aufgerufen wird. Das ist das normale Vorgehen, aber wie Sie später noch lernen werden, gibt es eine Ausstiegsmöglichkeit. Sie können verhindern, dass das UI angepasst wird, indem Sie in einer speziellen *Lifecycle*-Methode namens shouldComponentUpdate() den Wert false zurückgeben.

Eine zustandsbehaftete Textarea-Komponente

Lassen Sie uns eine neue Komponente bauen – eine Textarea, die sich die Anzahl der eingegebenen Zeichen merkt (Abbildung 2-6).

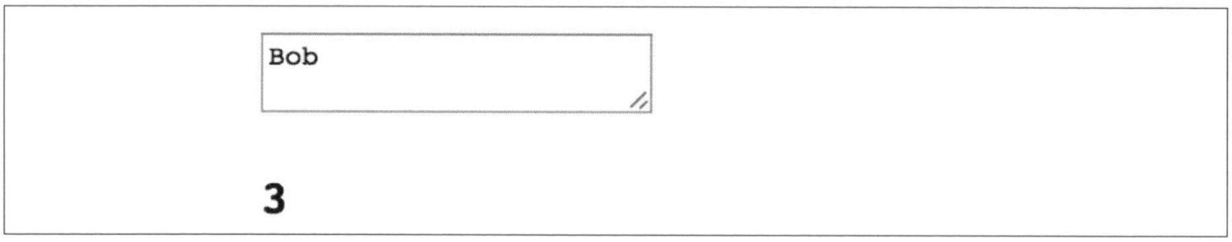

Abbildung 2-6: Das Ergebnis der eigenen Textarea-Komponente

Sie (und alle anderen Anwender dieser wiederverwendbaren Komponente) können die neue Komponente wie folgt einsetzen:

```
ReactDOM.render(
  React.createElement(TextAreaCounter, {
    text: "Bob",
  }),
  document.getElementById("app")
);
```

Implementieren wir nun die Komponente. Sie beginnen damit, eine »zustandslose« Version zu bauen, die sich nicht um Aktualisierungen kümmert – denn diese unterscheidet sich nicht sehr von den bisherigen Beispielen:

```
var TextAreaCounter = React.createClass({
  propTypes: {
    text: React.PropTypes.string,
  },

  getDefaultProps: function() {
    return {
      text: '',
    };
  },

  render: function() {
    return React.DOM.div(null,
      React.DOM.textarea({
        defaultValue: this.props.text,
      }),
      React.DOM.h3(null, this.props.text.length)
    );
  }
});
```

Vielleicht ist Ihnen aufgefallen, dass die Textarea in diesem Beispiel eine Eigenschaft `defaultValue` besitzt und kein `text`-Kind, wie Sie das aus normalem HTML kennen. Das liegt daran, dass es bei Formularen zwischen React und klassischem HTML ein paar Unterschiede gibt. Diese werden in Kapitel 4 besprochen – aber keine Bange, es sind wirklich nur Kleinigkeiten. Zudem werden Sie feststellen, dass diese Unterschiede sinnvoll sind und Ihnen als Entwickler das Leben leichter machen.

Wie Sie sehen, besitzt die Komponente eine optionale Stringeigenschaft `text`, mit der sie eine Textarea rendert – und dazu ein `<h3>`-Element, das einfach die `length` des Strings ausgibt (Abbildung 2-7).

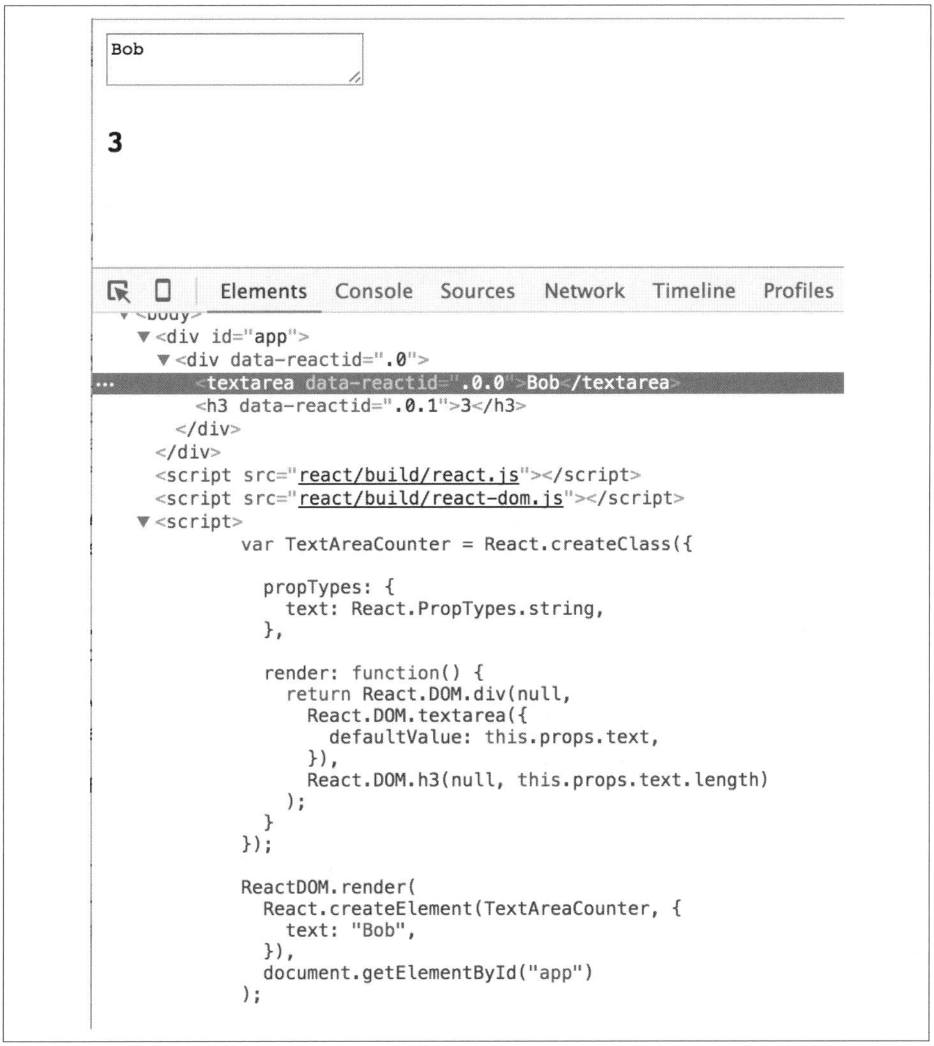

Abbildung 2-7: Die Komponente TextAreaCounter im Einsatz

Im nächsten Schritt wandeln wir diese *zustandslose* in eine *zustandsbehaftete* (stateful) Komponente um. Mit anderen Worten, die Komponente soll Daten verwalten (den Status) und diese nutzen, um sich selbst zunächst initial und später beim Ändern von Daten neu zu rendern.

Implementieren Sie in Ihrer Komponente eine Methode namens `getInitialState()`, damit Sie immer sicher mit sauberen Daten arbeiten:

```
getInitialState: function() {
  return {
    text: this.props.text,
  };
},
```

Bei den Daten, die diese Komponente verwaltet, handelt es sich einfach nur um den Text der Textarea, daher besitzt der Status lediglich eine Eigenschaft `text`, auf die Sie über `this.state.text` zugreifen können. Initial kopieren Sie (in `getInitialState()`) nur die Eigenschaft `text`. Wenn sich die Daten später ändern (der Benutzer tippt etwas in die Textarea), aktualisiert die Komponente ihren Status mit einer Hilfsmethode:

```
_textChange: function(ev) {
  this.setState({
    text: ev.target.value,
  });
},
```

Sie aktualisieren den Status immer mit `this.setState()`, das ein Objekt übernimmt und dieses mit den bestehenden Daten in `this.state` verschmilzt. Wie Sie sicherlich schon vermuten, ist `_textChange()` ein Event-Listener, der ein Eventobjekt `ev` übernimmt und sich daraus den Text der Textarea holt.

Nun müssen wir schließlich noch die Methode `render()` so anpassen, dass sie `this.state` statt `this.props` verwendet, und den Event-Listener einrichten:

```
render: function() {
  return React.DOM.div(null,
    React.DOM.textarea({
      value: this.state.text,
      onChange: this._textChange,
    }),
    React.DOM.h3(null, this.state.text.length)
  );
}
```

Wann immer nun der Anwender etwas in die Textarea eingibt, wird der Wert des Zählers aktualisiert (Abbildung 2-8).

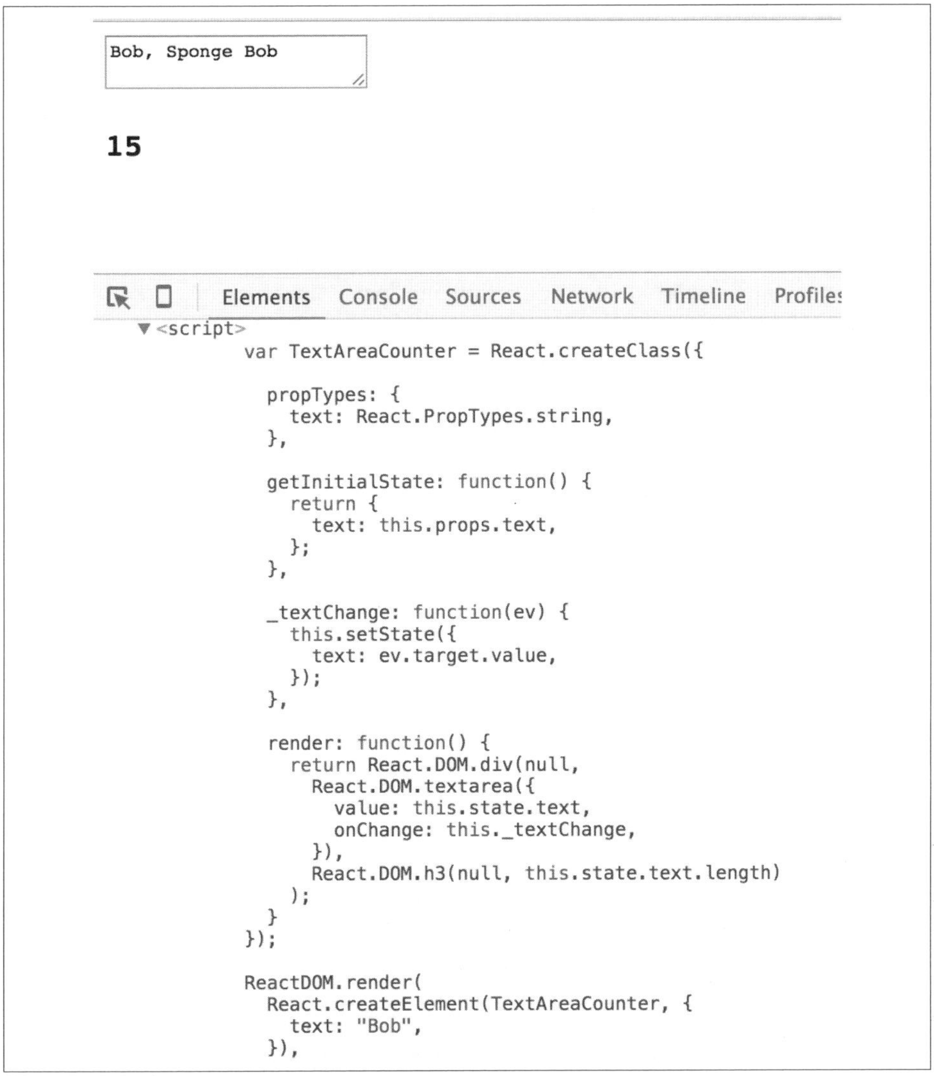

Abbildung 2-8: Tippen in der Textarea

Ein Hinweis zu DOM-Events

Um Verwirrung zu vermeiden, möchte ich zu dieser Zeile:

```
onChange: this._textChange
```

ein paar Dinge klarstellen. React nutzt aus Performancegründen sein eigenes, *synthetisches* Eventsystem. Bequemlichkeit für die Entwickler und ein saubereres Arbeiten sind weitere Gründe. Um zu verstehen, warum das so ist, müssen Sie wissen, wie das Ganze in der reinen DOM-Welt abläuft.

Event-Handling in den alten Tagen

Es ist sehr bequem, *Inline*-Event-Handler wie den folgenden einzusetzen:

```
<button onclick="doStuff">
```

Das mag zwar praktisch und leicht zu lesen sein (der Event-Listener ist direkt im UI definiert), aber es ist sehr ineffizient, viele solcher Listener verteilt im Code zu haben. Zudem ist es so schwierig, mehr als einen Listener für den gleichen Button zu nutzen, besonders wenn sich der Button in einer »Komponente« oder Bibliothek von jemand anderem befindet und Sie darin nicht herumwerkeln wollen. Darum wird in der DOM-Welt `element.addEventListener` genutzt, um Listener einzurichten (was dazu führt, dass sich der Code an zwei oder mehr Stellen befindet) und *Event-Delegation* zu nutzen (um die Performanceprobleme anzugehen). Bei der Event-Delegation lauschen Sie an übergeordneten Knoten auf Events – zum Beispiel an einem `<div>`, das viele Buttons enthält – und richten dort einen Listener für alle diese Buttons ein.

Mit der Event-Delegation gehen Sie zum Beispiel so vor:

```
<div id="parent">
  <button id="ok">OK</button>
  <button id="cancel">Abbruch</button>
</div>

<script>
  document.getElementById('parent').addEventListener(
    'click', function(event) {
    var button = event.target;

    // je nach geklicktem Button etwas anderes tun
    switch (button.id) {
      case 'ok':
        console.log('OK!');
        break;
      case 'cancel':
        console.log('Cancel');
        break;
      default:
        new Error('Falsche Button-ID');
    };
  });
</script>
```

Das funktioniert gut und schnell, hat aber auch Nachteile:

- Der Listener wird weiter entfernt von der UI-Komponente deklariert, wodurch der Code schlechter zu finden und zu debuggen ist.
- Durch Delegation und Switching wird unnötiger, sich permanent wiederholender Code gebraucht, bevor Sie zu den eigentlich relevanten Codezeilen kommen (in diesem Fall auf einen Button-Klick reagieren).

- Durch Browserinkonsistenzen (die wir hier ignoriert haben) wird sogar noch mehr Code benötigt.

Geht es um Code für echte Anwender, ist sogar noch mehr notwendig, um alle Browser zu unterstützen:

- Neben `addEventListener` brauchen Sie auch noch `attachEvent`.
- Am Anfang des Listeners muss `var event = event || window.event` stehen.
- Sie benötigen die Zeile `var button = event.target || event.srcElement`.

All das ist nervig, aber so wichtig, dass Sie früher oder später zu einer Eventbibliothek greifen werden. Warum jedoch sollten Sie noch eine Bibliothek einbinden (und sich mit deren API vertraut machen müssen), wenn React doch schon eine Lösung mitbringt?

Event-Handling in React

React nutzt *synthetische* Events, um die Browserevents zu normalisieren und zu verpacken, sodass Sie sich nicht mehr mit Inkonsistenzen zwischen den Browsern herumschlagen müssen. Sie können sich immer darauf verlassen, dass `event.target` in allen Browsern zur Verfügung steht. Darum benötigen Sie im Snippet mit `TextAreaCounter` auch nur `ev.target.value`. Zudem ist die API zum Abbrechen von Events in allen Browsern gleich – `event.stopPropagation()` und `event.preventDefault()` funktionieren damit sogar in alten IEs.

Die Syntax macht es einfach, UI und Event-Listener zusammenzuhalten. Es scheint sich dabei um klassische Inline-Event-Handler zu handeln, aber so ist es nicht. Tatsächlich nutzt React aus Performancegründen Event-Delegation.

Brauchen Sie – warum auch immer – das eigentliche Browserevent, steht Ihnen dieses unter `event.nativeEvent` zur Verfügung, aber es ist sehr unwahrscheinlich, dass Sie je darauf zugreifen müssen.

Und noch etwas: Das Event `onChange` (zu sehen im Textarea-Beispiel) verhält sich wie erwartet – es feuert, wenn ein Benutzer etwas tippt, und nicht erst, wenn er mit der Eingabe fertig ist und das Feld verlässt. Letzteres Verhalten ist leider das des normalen DOM.

Props versus State

Jetzt wissen Sie, dass Sie Zugriff auf die Eigenschaften in `this.props` und auf den Status in `this.state` haben, wenn Sie Ihre Komponente in Ihrer `render()`-Methode darstellen wollen. Vielleicht fragen Sie sich, wann Sie das eine und wann das andere verwenden sollten.

Eigenschaften sind ein Mechanismus für die Außenwelt (die Anwender der Komponente), um Ihre Komponente zu konfigurieren. Der Status ist Ihre interne Datensammlung. Wenn Sie eine Analogie zur objektorientierten Programmierung ziehen wollen, sind `this.props` die *an einen Klassenkonstruktor übergebenen Argumente*, während es sich bei `this.state` um die Menge Ihrer *privaten Eigenschaften* handelt.

Props im initialen Status: ein Anti-Pattern

Weiter oben haben Sie ein Beispiel für den Einsatz von `this.props` in `getInitialState()` gesehen:

```
getInitialState: function() {
  return {
    text: this.props.text,
  };
},
```

Das ist eigentlich ein Anti-Pattern. Idealerweise nutzen Sie eine Kombination aus `this.state` und `this.props`, um Ihr UI in Ihrer `render()`-Methode aufzubauen. Aber manchmal wollen Sie einen an Ihre Komponente übergebenen Wert zum Aufsetzen des initialen Status verwenden. Das ist in Ordnung, nur erwarten die Aufrufer Ihrer Komponente vermutlich, dass die Eigenschaften (im vorigen Beispiel `text`) immer den aktuellen Wert enthalten – und das Beispiel kann diese Erwartung nicht erfüllen. Besser ist eine kleine Namensänderung – nennen Sie die Eigenschaft beispielsweise `defaultText` oder `initialValue` und nicht einfach nur `text`:

```
propTypes: {
  defaultValue: React.PropTypes.string
},

getInitialState: function() {
  return {
    text: this.props.defaultValue,
  };
},
```

In Kapitel 4 erfahren Sie, wie React das für seine eigene Implementierung von Eingabefeldern und Textareas umsetzt, bei denen die Anwender schon Erwartungen aus früheren HTML-Einsätzen mitbringen.

Von außen auf die Komponente zugreifen

Sie genießen nicht immer den Luxus, eine brandneue React-App erstellen zu können. Manchmal müssen Sie sich mit einer bestehenden Anwendung oder Website arrangieren und können erst nach und nach zu React wechseln. Zum Glück wurde React so entworfen, dass es mit einer beliebigen bestehenden Codebasis zusammenarbeiten kann. Denn schließlich konnten die ursprünglichen Entwickler von React auch nicht einfach die Welt anhalten und eine riesige Anwendung (Facebook) erst einmal komplett neu schreiben.

Sie können Ihre React-App zum Beispiel mit dem Rest der Welt kommunizieren lassen, indem Sie sich von `ReactDOM.render()` eine Referenz auf eine Komponente liefern lassen, auf die Sie dann von außen zugreifen:

```
var myTextAreaCounter = ReactDOM.render(
  React.createElement(TextAreaCounter, {
    defaultValue: "Bob",
  }),
  document.getElementById("app")
);
```

Jetzt nutzen Sie `myTextAreaCounter`, um auf die gleichen Methoden und Eigenschaften zuzugreifen, die Sie normalerweise innerhalb der Komponente über `this` erreichen. Sie können sogar mit der Komponente an Ihrer JavaScript-Konsole herumspielen (Abbildung 2-9).

Abbildung 2-9: Zugriff auf die gerenderte Komponente über eine Referenz

Diese Zeile setzt einen neuen Status:

```
myTextAreaCounter.setState({text: "Hallo Außenwelt!"});
```

Damit erhalten Sie eine Referenz auf den Haupt-Eltern-DOM-Knoten, den React erstellt hat:

```
var reactAppNode = ReactDOM.findDOMNode(myTextAreaCounter);
```

Hierbei handelt es sich um das erste Kind-Element von `<div id="app">`, bei dem Sie React seine Arbeit machen ließen:

```
reactAppNode.parentNode === document.getElementById('app'); //true
```

So greifen Sie auf die Eigenschaften und den Status zu:

```
myTextAreaCounter.props; // Object { defaultValue: "Bob"}
myTextAreaCounter.state; // Object { text: "Hallo Außenwelt!"}
```

Sie haben auch von außen Zugriff auf die gesamte Komponenten-API. Nutzen Sie diese Möglichkeit aber – wenn überhaupt – nur selten. Setzen Sie eventuell `ReactDOM.findDOMNode()` ein, wenn Sie die Dimensionen des Knotens herausfinden müssen, um sicherzustellen, dass er auf Ihrer Seite Platz findet. Das reicht dann aber wirklich auch. Es mag verlockend sein, am Status von Komponenten herumzudrehen, die Ihnen nicht gehören, und sie zu »korrigieren«, aber Sie würden Erwartungen verletzen und für Folgefehler sorgen, weil die Komponente nicht davon ausgeht, so von außen manipuliert zu werden. Das Folgende funktioniert zum Beispiel, ist aber nicht zu empfehlen:

```
// schlechtes Beispiel
myTextAreaCounter.setState({text: 'Neiiiiin'});
```

Eigenschaften später ändern

Wie Sie schon wissen, sind Eigenschaften eine Möglichkeit, eine Komponente zu konfigurieren. Es ist dabei durchaus sinnvoll, sie auch dann noch ändern zu wollen, wenn die Komponente schon erstellt wurde. Diese sollte allerdings darauf vorbereitet sein.

Schauen Sie sich die Methode `render()` aus dem vorigen Beispiel an, wird dort nur `this.state` verwendet:

```
render: function() {
  return React.DOM.div(null,
    React.DOM.textarea({
      value: this.state.text,
      onChange: this._textChange,
    }),
    React.DOM.h3(null, this.state.text.length)
  );
}
```

Ändern Sie die Eigenschaften außerhalb der Komponente, wird das keinen Einfluss auf das Rendern haben. Mit anderen Worten: Der Inhalt der Textarea wird auch bei folgendem Code gleich bleiben:

```
myTextAreaCounter = ReactDOM.render(
  React.createElement(TextAreaCounter, {
    defaultValue: "Hallo", // vorher als "Bob" bekannt
  }),
  document.getElementById("app")
);
```

> Obwohl `myTextAreaCounter` durch einen neuen Aufruf von `ReactDOM.render()` »überschrieben« wird, bleibt der Status der Anwendung erhalten. React betreibt einen Abgleich (*Reconciliation*) der App vor und nach Änderungen. Statt einfach alles zu löschen, wird nur so wenig wie nötig geändert.

Der Inhalt von `this.props` ist nun anders (aber nicht das UI):

```
myTextAreaCounter.props; // Object { defaultValue="Hallo"}
```

> Durch das Setzen des Status wird das UI nicht aktualisiert:
>
> ```
> // schlechtes Beispiel
> myTextAreaCounter.setState({text: 'Hallo'});
> ```
>
> Das ist keine gute Idee, weil es in komplexeren Komponenten zu einem inkonsistenten Status führen kann – interne Zähler, Boolean-Flags, Event-Listener und Ähnliches könnten nun nicht mehr passen.

Wollen Sie Eingriffe von außen (das Ändern der Eigenschaften) korrekt behandeln, können Sie sich mit der Implementierung einer Methode namens `componentWillReceiveProps()` darauf vorbereiten:

```
componentWillReceiveProps: function(newProps) {
  this.setState({
    text: newProps.defaultValue,
  });
},
```

Wie Sie sehen, empfängt diese Methode das Objekt mit den neuen Eigenschaften, und Sie können den `state` entsprechend setzen, aber auch andere Aktivitäten durchführen, um die Komponente in einem sauberen Zustand zu halten.

Lifecycle-Methoden

Die Methode `componentWillReceiveProps()` aus dem vorigen Beispiel ist eine der sogenannten *Lifecycle*-Methoden, die React anbietet. Sie können sie verwenden, um auf Änderungen in Ihrer Komponente zu reagieren. Weitere Lifecycle-Methoden sind:

`componentWillUpdate()`
: Wird ausgeführt, bevor die `render()`-Methode Ihrer Komponente erneut aufgerufen wird (wenn sich etwas an den Eigenschaften oder dem Status geändert hat).

`componentDidUpdate()`
: Wird ausgeführt, wenn `render()` fertig ist und die neuen Änderungen auf das zugrunde liegende DOM angewendet wurden.

`componentWillMount()`
: Wird ausgeführt, bevor der Knoten in das DOM eingefügt wird.

`componentDidMount()`
: Wird ausgeführt, nachdem der Knoten in das DOM eingefügt wurde.

`componentWillUnmount()`
: Wird ausgeführt, kurz bevor die Komponente aus dem DOM entfernt wird.

`shouldComponentUpdate(newProps, newState)`
: Diese Methode wird vor `componentWillUpdate()` ausgeführt, und mit ihr haben Sie die Möglichkeit, `false` zurückzugeben und damit das Update abzubrechen – so wird `render()` nicht aufgerufen. Das ist in performancekritischen Anwendungen nützlich, wenn Sie der Meinung sind, dass sich nichts Interessantes geändert hat und ein Rerendering nicht nötig ist. Diese Entscheidung treffen Sie, indem Sie das Argument `newState` mit dem bestehenden `this.state` und `newProps` mit `this.props` vergleichen oder weil Sie einfach wissen, dass die Komponente statisch ist und sich nicht ändert. (Sie werden gleich ein Beispiel dafür kennenlernen.)

Lifecycle-Beispiel: Alles loggen

Um das Leben einer Komponente besser zu verstehen, wollen wir die Komponente `TextAreaCounter` mit etwas Logging versehen. Wir implementieren einfach alle Lifecycle-Methoden so, dass sie an der Konsole Log-Meldungen ausgeben, wenn sie aufgerufen werden:

```
var TextAreaCounter = React.createClass({
  _log: function(methodName, args) {
    console.log(methodName, args);
  },
  componentWillUpdate: function() {
    this._log('componentWillUpdate', arguments);
  },
  componentDidUpdate: function(){
    this._log('componentDidUpdate', arguments);
  },
  componentWillMount: function(){
    this._log('componentWillMount', arguments);
  },
  componentDidMount: function() {
    this._log('componentDidMount', arguments);
  },
  componentWillUnmount: function() {
    this._log('componentWillUnmount', arguments);
  },

  // ...
  // weitere Implementierungen, render() usw.
};
```

In Abbildung 2-10 sehen Sie, was passiert, wenn Sie die Seite laden.

Abbildung 2-10: Die Komponente wird gemountet

Es werden zwei Methoden ohne Argumente aufgerufen, `componentDidMount()` ist im Allgemeinen die interessantere der beiden. Sie erhalten zum Beispiel bei Bedarf per `ReactDOM.findDOMNode(this)` Zugriff auf den frisch gemounteten DOM-Knoten, um die Dimensionen der Komponente auslesen zu können. Auch lässt sich hier Initialisierungskram erledigen, da Ihre Komponente ja nun lebt.

Was passiert, wenn Sie jetzt ein »s« eingeben, um den Text in »Bobs« zu verändern (Abbildung 2-11)?

Die Methode `componentWillUpdate(nextProps, nextState)` wird mit den neuen Daten aufgerufen, aus denen die Komponente gerendert werden wird. Das erste Argument ist der zukünftige Wert von `this.props` (der sich in diesem Beispiel nicht ändert), das zweite der zukünftige Wert von `this.state`. Das dritte Argument ist `context`, das hier nicht von Interesse sein soll. Sie können zum Beispiel das Argument `newProps` mit dem aktuellen `this.props` vergleichen und abhängig davon entscheiden, ob etwas zu tun ist.

Nach `componentWillUpdate()` wird nun `componentDidUpdate(oldProps, oldState)` aufgerufen, wobei die Werte von `props` und `state` in ihrem Zustand vor der Änderung übergeben werden. Das ist eine Gelegenheit, etwas nach dem Update durchzuführen. Sie können hier `this.setState()` verwenden, was in `component WillUpdate()` nicht möglich ist.

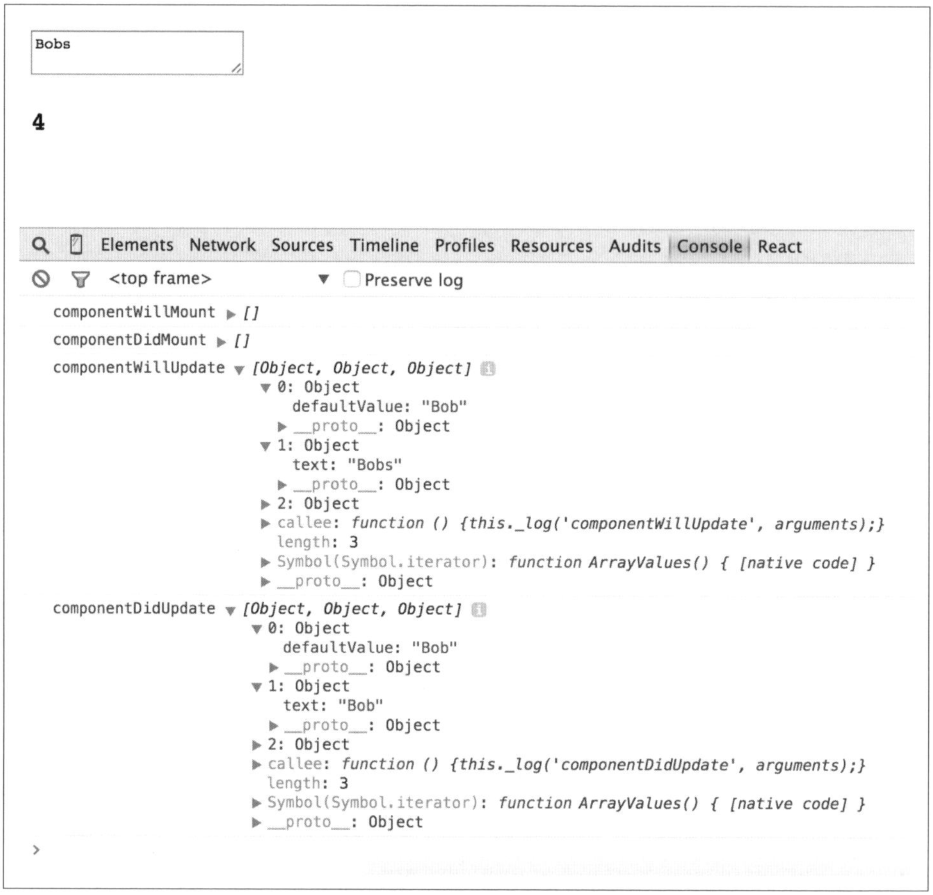

Abbildung 2-11: Die Komponente wird aktualisiert

Stellen Sie sich zum Beispiel vor, Sie wollen die Anzahl der Zeichen begrenzen, die in der Textarea eingegeben werden können. Sie sollten das im Event-Handler `_textChange()` umsetzen, der bei der Benutzereingabe aufgerufen wird. Aber was, wenn jemand (vielleicht eine jüngere, naivere Version Ihrer selbst?) `setState()` außerhalb der Komponente aufruft (was, wie erwähnt, keine gute Idee ist)? Können Sie die Konsistenz und das Wohlbefinden Ihrer Komponente dann trotzdem noch sicherstellen? Natürlich. Nehmen Sie die Validierung in `componentDidUpdate()` vor und setzen Sie den Status auf den alten Wert zurück, wenn die Zeichenzahl größer ist als erlaubt – in etwa so:

```
componentDidUpdate: function(oldProps, oldState) {
  if (this.state.text.length > 3) {
    this.replaceState(oldState);
  }
},
```

Das mag sehr paranoid aussehen, aber es ist möglich.

Beachten Sie, dass wir hier replaceState() statt setState() verwendet haben. Während setState(obj) die Eigenschaften von obj mit denen von this.state verschmilzt, wird bei replaceState() alles überschrieben.

Lifecycle-Beispiel: Ein Mixin verwenden

Im vorigen Beispiel haben wir die Aufrufe von vier unserer fünf Lifecycle-Methoden protokollieren lassen. Die fünfte – componentWillUnmount() – lässt sich am besten kennenlernen, wenn Sie Kind-Komponenten haben, die von einer Eltern-Komponente entfernt werden. In diesem Beispiel sollen alle Änderungen sowohl im Kind-Element als auch im Eltern-Element protokolliert werden. Führen wir dazu ein neues Konzept ein, um Code wiederzuverwenden: ein Mixin.

Bei einem Mixin handelt es sich um ein JavaScript-Objekt, das eine Sammlung von Methoden und Eigenschaften besitzt. Das Mixin ist nicht dazu gedacht, allein verwendet zu werden, stattdessen wird es in die Eigenschaften anderer Objekte eingebunden (»eingemixt«). Im Logging-Beispiel kann ein Mixin so aussehen:

```
var logMixin = {
  _log: function(methodName, args) {
    console.log(this.name + '::' + methodName, args);
  },
  componentWillUpdate: function() {
    this._log('componentWillUpdate', arguments);
  },
  componentDidUpdate: function(){
    this._log('componentDidUpdate', arguments);
  },
  componentWillMount: function(){
    this._log('componentWillMount', arguments);
  },
  componentDidMount: function() {
    this._log('componentDidMount', arguments);
  },
  componentWillUnmount: function() {
    this._log('componentWillUnmount', arguments);
  },
};
```

In einer Welt ohne React können Sie mit for-in die Eigenschaften durchlaufen und sie in ein neues Objekt kopieren, um die Funktionalität des Mixins dort zu erhalten. Bei React gibt es eine Vereinfachung: die Eigenschaft mixins. Sie sieht so aus:

```
var MyComponent = React.createClass({

  mixins: [obj1, obj2, obj3],

  // die restlichen Methoden ...

};
```

Sie weisen der Eigenschaft `mixins` ein Array mit JavaScript-Objekten zu, und React kümmert sich um den Rest. Nehmen Sie das `logMixin` also wie folgt in Ihre Komponente auf:

```
var TextAreaCounter = React.createClass({
  name: 'TextAreaCounter',
  mixins: [logMixin],
  // der Rest ...
});
```

Wie Sie sehen, wird durch den Schnipsel auch noch eine praktische Eigenschaft `name` hinzugefügt, mit der der Aufrufer identifiziert werden kann.

Lassen Sie das Beispiel mit dem Mixin laufen, können Sie das Logging in Aktion verfolgen (Abbildung 2-12).

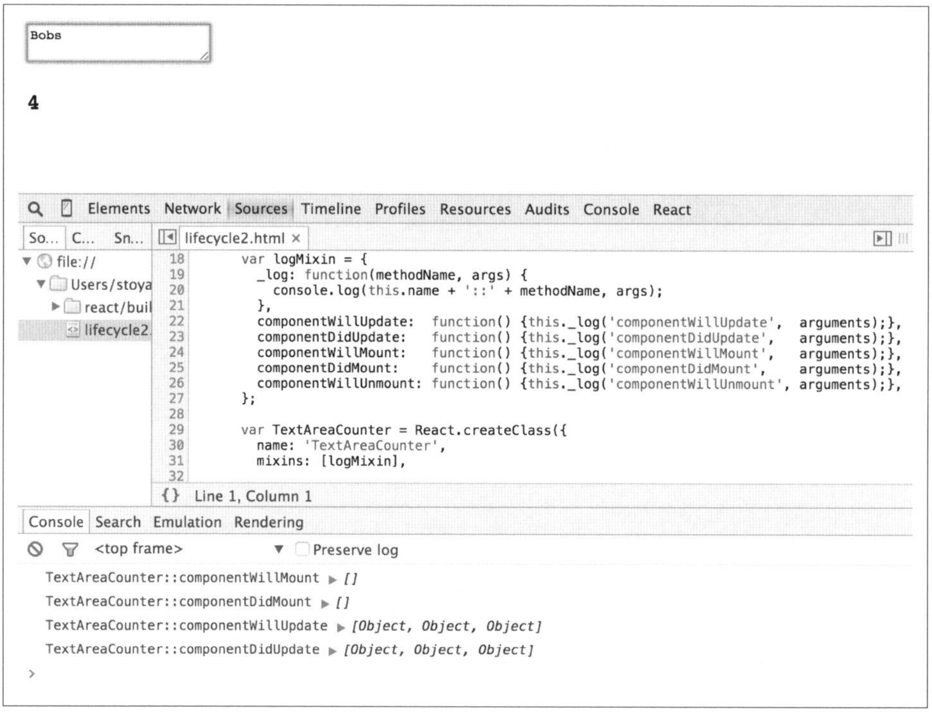

Abbildung 2-12: Ein Mixin verwenden und die Komponente identifizieren

Lifecycle-Beispiel: Der Einsatz einer Kind-Komponente

Sie wissen jetzt, wie Sie React-Komponenten einmischen und einbetten können. Bisher haben wir in den `render()`-Methoden nur Komponenten aus `React.DOM` genutzt (und keine eigenen). Schauen wir uns eine einfache eigene Komponente an, die wir als Kind einsetzen wollen.

Sie können den Zähler-Teil abtrennen und in eine eigene Komponente packen:

```
var Counter = React.createClass({
  name: 'Counter',
  mixins: [logMixin],
  propTypes: {
    count: React.PropTypes.number.isRequired,
  },
  render: function() {
    return React.DOM.span(null, this.props.count);
  }
});
```

Diese Komponente enthält lediglich den Zähler-Teil – sie rendert ein <span> und verwaltet keinen state, sondern zeigt nur die vom Eltern-Element übergebene Eigenschaft count an. Zudem wird logMixin eingemischt, um auszugeben, wann die Lifecycle-Methoden aufgerufen werden.

Aktualisieren wir jetzt die render()-Methode der Eltern-Komponente TextAreaCounter. Sie sollte die Counter-Komponente nur bei Bedarf einsetzen – hat der Zähler den Wert 0, soll keine Nummer angezeigt werden:

```
render: function() {
  var counter = null;
  if (this.state.text.length > 0) {
    counter = React.DOM.h3(null,
      React.createElement(Counter, {
        count: this.state.text.length,
      })
    );
  }
  return React.DOM.div(null,
    React.DOM.textarea({
      value: this.state.text,
      onChange: this._textChange,
    }),
    counter
  );
}
```

Die Variable counter hat den Wert null, wenn die Textarea leer ist. Gibt es Text, enthält die Variable den Teil des UI, der dafür zuständig ist, die Anzahl der Zeichen auszugeben. Es ist nicht notwendig, dass das gesamte UI als Argumente der Haupt-Komponente React.DOM.div eingebettet wird – Sie können auch UI-Teile in Variablen ablegen und diese nach Bedarf einsetzen.

Schauen Sie sich jetzt die Lifecycle-Methoden an, die für beide Komponenten protokolliert werden. In Abbildung 2-13 sehen Sie, was passiert, wenn Sie die Seite laden und dann den Inhalt der Textarea ändern.

Sie sehen, wie die Kind-Komponente vor der Eltern-Komponente gemountet und aktualisiert wird.

Abbildung 2-13: Zwei Komponenten mounten und aktualisieren

In Abbildung 2-14 sehen Sie die Abfolge, wenn Sie den Text in der Textarea löschen und der Zähler 0 wird. In diesem Fall wird die Kind-Komponente `counter` zu `null` und ihr DOM-Knoten aus dem DOM-Baum entfernt, nachdem Sie per `componentWillUnmount` informiert wurden.

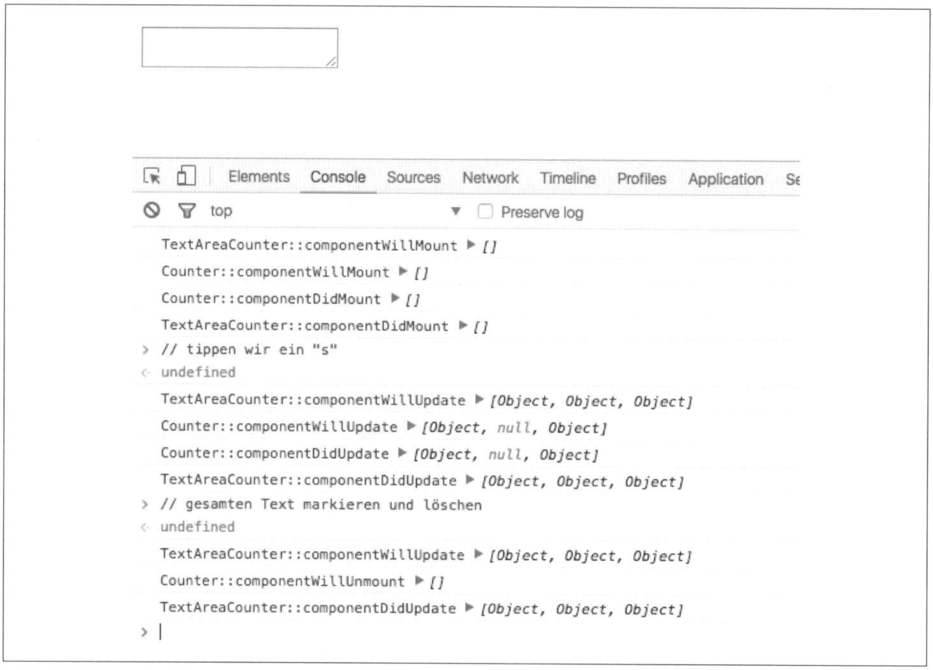

Abbildung 2-14: Die Counter-Komponente unmounten

Performanceverbesserung: Aktualisieren von Komponenten verhindern

Die letzte Lifecycle-Methode, die Sie kennen sollten, – insbesondere wenn Sie an den performancekritischen Teilen Ihrer App bauen –, ist die Methode `shouldComponentUpdate(nextProps, nextState)`. Sie wird vor `componentWillUpdate()` aufgerufen und gibt Ihnen die Chance, die Aktualisierung abzubrechen, wenn Sie der Meinung sind, sie sei nicht nötig.

Es gibt eine ganze Reihe von Komponenten, die in ihrer `render()`-Methode nur `this.props` und `this.state` einsetzen, aber keine anderen Funktionsaufrufe. Diese Komponenten werden als »pur« bezeichnet. Sie können `shouldComponentUpdate()` implementieren und Eigenschaften und Status vor und nach den Änderungen vergleichen. Gibt es keine (wichtigen) Änderungen, kann die Implementierung `false` zurückgeben und damit etwas Rechenleistung sparen. Es kann zudem pure statische Komponenten geben, die weder `props` noch `state` verwenden – solche können immer direkt `false` liefern.

Schauen wir uns an, was beim Aufruf der `render()`-Methoden passiert. Dann implementieren wir `shouldComponentUpdate()`, um einen Performancegewinn zu erzielen.

Als Erstes nehmen wir die neue `Counter`-Komponente. Entfernen Sie das Logging-Mixin und loggen Sie stattdessen jedes Mal an der Konsole, wenn die `render()`-Methode aufgerufen wird:

```
var Counter = React.createClass({
  name: 'Counter',
  // mixins: [logMixin],
  propTypes: {
    count: React.PropTypes.number.isRequired,
  },
  render() {
    console.log(this.name + '::render()');
    return React.DOM.span(null, this.props.count);
  }
});
```

Machen Sie das Gleiche in `TextAreaCounter`:

```
var TextAreaCounter = React.createClass({
  name: 'TextAreaCounter',
  // mixins: [logMixin],

  // alle anderen Methoden ...
  render: function() {
    console.log(this.name + '::render()');
    // ... und der Rest des Renderns
  }
});
```

Wenn Sie jetzt die Seite laden und in der Textarea den alten String »Bob« per Copy-and-paste durch den neuen String »LOL« ersetzen, sehen Sie das Ergebnis aus Abbildung 2-15.

Abbildung 2-15: Beide Komponenten werden gerendert

Verändern Sie den Text, führt das zu einem Aufruf der `render()`-Methode von `TextAreaCounter`, die wiederum die `render()`-Methode von `Counter` aufruft. Wird »Bob« durch »LOL« ersetzt, ist die Anzahl der Zeichen vor und nach dem Update gleich, und das UI des Counters muss nicht geändert werden – der Aufruf von dessen `render()`-Methode ist überflüssig. Sie können React bei der Optimierung dieses Falls helfen, indem Sie `shouldComponentUpdate()` implementieren und `false` zurückgeben, wenn kein weiteres Rendern notwendig ist. Der Methode werden die zukünftigen Werte von `props` und `state` übergeben (wobei `state` in dieser Komponente nicht gebraucht wird), die Sie dann mit den aktuellen Werten vergleichen können:

```
shouldComponentUpdate(nextProps, nextState_ignore) {
  return nextProps.count !== this.props.count;
}
```

Damit wird bei einem Wechsel von »Bob« zu »LOL« dafür gesorgt, dass der `Counter` nicht neu gerendert werden muss (Abbildung 2-16).

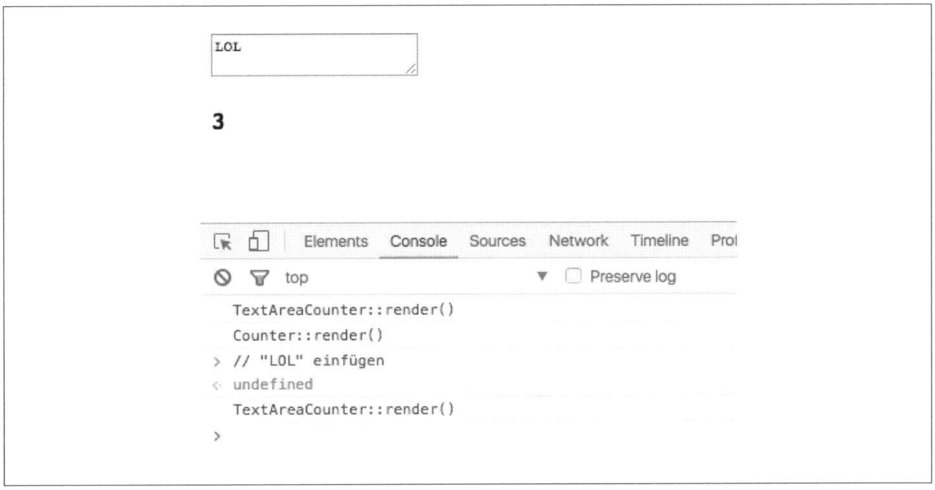

Abbildung 2-16: Performanceverbesserung – ein Rendering-Zyklus wird eingespart

PureRenderMixin

Die Implementierung von `shouldComponentUpdate()` ist ziemlich einfach. Und es ist kein großer Aufwand, sie auch noch generisch zu machen, da Sie immer `this.props` mit `nextProps` und `this.state` mit `nextState` vergleichen. React stellt eine solche generische Implementierung in Form eines Mixins bereit, das Sie in eine beliebige Komponente einbinden können.

So sieht das aus:

```
<script src="react/build/react-with-addons.js"></script>
<script src="react/build/react-dom.js"></script>
<script>

  var Counter = React.createClass({
    name: 'Counter',
    mixins: [React.addons.PureRenderMixin],
    propTypes: {
      count: React.PropTypes.number.isRequired,
    },
    render: function() {
      console.log(this.name + '::render()');
      return React.DOM.span(null, this.props.count);
    }
  });

  // ...
</script>
```

Das Ergebnis (Abbildung 2-17) ist das Gleiche – die `render()`-Methode von `Counter` wird nicht aufgerufen, wenn sich an der Zahl der Zeichen nichts geändert hat.

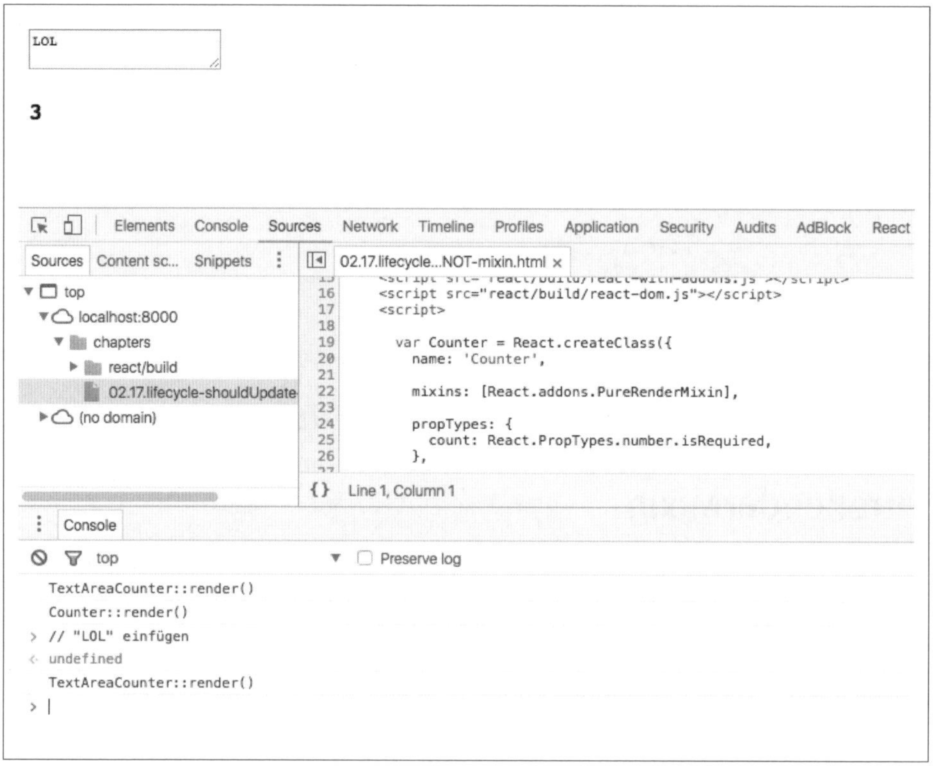

Abbildung 2-17: Einfacher Performancegewinn: Einbinden von PureRenderMixin

Beachten Sie, dass `PureRenderMixin` kein Teil des React-Cores ist, sondern zu einer erweiterten Version von React mit Add-ons gehört. Um dieses Mixin nutzen zu können, müssen Sie statt *react/build/react.js* die Datei *react/build/react-with-addons.js* einbinden. Damit erhalten Sie einen neuen Namensraum `React.addons`, in dem Sie dann sowohl `PureRenderMixin` als auch andere nette Goodies finden können.

Wollen Sie nicht alle Add-ons einbinden oder Ihre eigene Version des Mixins implementieren, sollten Sie einfach einen Blick in die React-Implementierung werfen. Sie ist ziemlich einfach und geradlinig umgesetzt, eine flache (nicht rekursive) Prüfung auf Gleichheit – in etwa so:

```
var ReactComponentWithPureRenderMixin = {
  shouldComponentUpdate: function(nextProps, nextState) {
    return !shallowEqual(this.props, nextProps) ||
           !shallowEqual(this.state, nextState);
  }
};
```

KAPITEL 3

Excel: Eine schicke Tabellen-Komponente

Jetzt wissen Sie, wie Sie eigene React-Komponenten bauen, das UI mithilfe von generischen DOM-Komponenten und eigenen Komponenten aufbauen (rendern), Eigenschaften setzen, den Status verwalten, sich in den Lifecycle einer Komponente einklinken und die Performance optimieren, indem Sie das Rendern abbrechen, wenn es nicht notwendig ist.

Bringen wir das nun alles zusammen (und lernen Sie dabei auch noch mehr über React), indem wir eine deutlich interessantere Komponente bauen: eine Datentabelle – also so etwas wie einen sehr frühen Prototyp von Microsoft Excel v.0.1. beta, in dem Sie den Inhalt einer Datentabelle bearbeiten, sortieren, durchsuchen (filtern) und zum Herunterladen exportieren können.

Zuerst die Daten

Bei Tabellen geht es immer um Daten, daher sollte die coole Tabellen-Komponente (nennen wir sie doch einfach `Excel`) ein Array mit Kopfdaten und eines mit den eigentlichen Daten übernehmen. Zum Testen holen wir uns eine Liste der meistverkauften Bücher von Wikipedia (*https://en.wikipedia.org/wiki/List_of_best-selling_books*):

```
var headers = [
  "Buch", "Autor", "Sprache", "veröffentlicht", "Verkäufe"
];

vardata=[
  ["Der Herr der Ringe", "J. R. R. Tolkien",
    "Englisch", "1954-1955", "150 Millionen"],
  ["Der kleine Prinz", "Antoine de Saint-Exupéry",
    "Französisch", "1943", "140 Millionen"],
  ["Harry Potter und der Stein der Weisen", "J. K. Rowling",
    "Englisch", "1997", "107 Millionen"],
  ["Und dann gabs keines mehr", "Agatha Christie",
    "Englisch", "1939", "100 Millionen"],
```

```
    ["Der Traum der roten Kammer", "Cáo Xuěqín",
      "Chinesisch", "1754-1791", "100 Millionen"],
    ["Der Hobbit", "J. R. R. Tolkien",
      "Englisch", "1937", "100 Millionen"],
    ["Sie", "H. Rider Haggard",
      "Englisch", "1887", "100 Millionen"],
  ];
```

Schleife über den Tabellenkopf

In einem ersten Schritt – um einen Ausgangspunkt zu haben – zeigen wir nur den Tabellenkopf an. So kann eine ganz einfache Implementierung aussehen:

```
var Excel = React.createClass({
  render: function() {
    return (
      React.DOM.table(null,
        React.DOM.thead(null,
          React.DOM.tr(null,
            this.props.headers.map(function(title) {
              return React.DOM.th(null, title);
            })
          )
        )
      )
    );
  }
});
```

Jetzt haben wir eine funktionierende Komponente und probieren sie einmal aus:

```
ReactDOM.render(
  React.createElement(Excel, {
    headers: headers,
    initialData: data,
  }),
  document.getElementById("app")
);
```

Das Ergebnis dieser ganz einfachen Version sehen Sie in Abbildung 3-1.

Hier wurde etwas Neues verwendet – die Array-Methode `map()`, mit der ein Array mit Kind-Komponenten zurückgegeben wird. Diese Methode nimmt jedes Element (in diesem Fall aus dem Array `headers`) und übergibt sie an eine Callback-Funktion. Diese erstellt wiederum in unserem Fall eine neue `<th>`-Komponente und gibt sie zurück.

Das ist das Schöne an React – Sie verwenden JavaScript zum Erstellen des UI und können dabei auf alle Möglichkeiten der Sprache zurückgreifen. Schleifen und bedingte Anweisungen funktionieren wie gewohnt, und Sie müssen keine weitere »Template«-Sprache oder -Syntax erlernen.

Abbildung 3-1: Den Tabellenkopf rendern

> Sie können einer Komponente Kind-Elemente auch als ein Array-Argument übergeben, statt sie wie bei den bisherigen Beispielen als getrennte Argumente aufzuführen. Es funktionieren also diese beiden Varianten:

```
// getrennte Argumente
React.DOM.ul(
  null,
  React.DOM.li(null, 'eins'),
  React.DOM.li(null, 'zwei')
);

// Array
React.DOM.ul(
  null,
  [
    React.DOM.li(null, 'eins'),
    React.DOM.li(null, 'zwei')
  ]
);
```

Die Warnung an der Konsole debuggen

Das Bildschirmfoto in Abbildung 3-1 zeigt eine Warnung an der Konsole. Wo aber kommt sie her, und wie bekommen Sie sie weg? Die Warnung sagt: »Warning:

Each child in an array or iterator should have a unique ›key‹ prop. Check the top-level render call using <tr>.«

Der »render call using <tr>«? Weil es in dieser Anwendung nur eine Komponente gibt, liegt die Vermutung recht nahe, dass das Problem darin zu finden ist, aber in echten Applikationen haben Sie eventuell viel mehr Komponenten, die `<tr>`-Elemente rendern. `Excel` ist nur eine Variable, die einer React-Komponente außerhalb der React-Welt zugewiesen wurde, daher kann React keinen Namen für diese Komponente ermitteln. Sie können aber helfen, indem Sie eine Eigenschaft `displayName` deklarieren:

```
var Excel = React.createClass({
  displayName: 'Excel',
  render: function() {
    // ...
  }
};
```

Jetzt kann React herausfinden, wo das Problem auftritt, und Sie besser warnen: »Each child in an array should have a unique ›key‹ prop. Check the render method of `Excel\`.« Viel besser. Aber es gibt immer noch die Warnung. Um sie zu unterbinden, machen Sie einfach das, was die Warnung vorschlägt, nachdem Sie nun wissen, welches `render()` schuld ist:

```
this.props.headers.map(function(title, idx) {
  return React.DOM.th({key: idx}, title);
})
```

Was ist hier passiert? Die an `Array.prototype.map()` übergebenen Callback-Funktionen werden mit drei Argumenten versehen: dem Array-Wert, dessen Index (0, 1, 2 usw.) und zusätzlich noch dem gesamten Array. Um React eine `key`-Eigenschaft zu geben, können Sie einfach den Index (`idx`) des Array-Elements verwenden. Die Schlüssel müssen nur innerhalb dieses Arrays eindeutig sein, nicht über die gesamte React-Anwendung hinweg.

Nun sind die Schlüssel korrekt, und mithilfe von ein wenig CSS können Sie sich an Version 0.0.1 Ihrer neuen Komponente erfreuen – hübsch und frei von Warnungen (Abbildung 3-2).

> Das Hinzufügen von `displayName` nur zum Debuggen mag ein wenig zu viel des Guten sein, aber machen Sie sich keine Sorgen darum: Verwenden Sie JSX (siehe Kapitel 4), müssen Sie diese Eigenschaft nicht definieren, da der Name dann automatisch ermittelt wird.

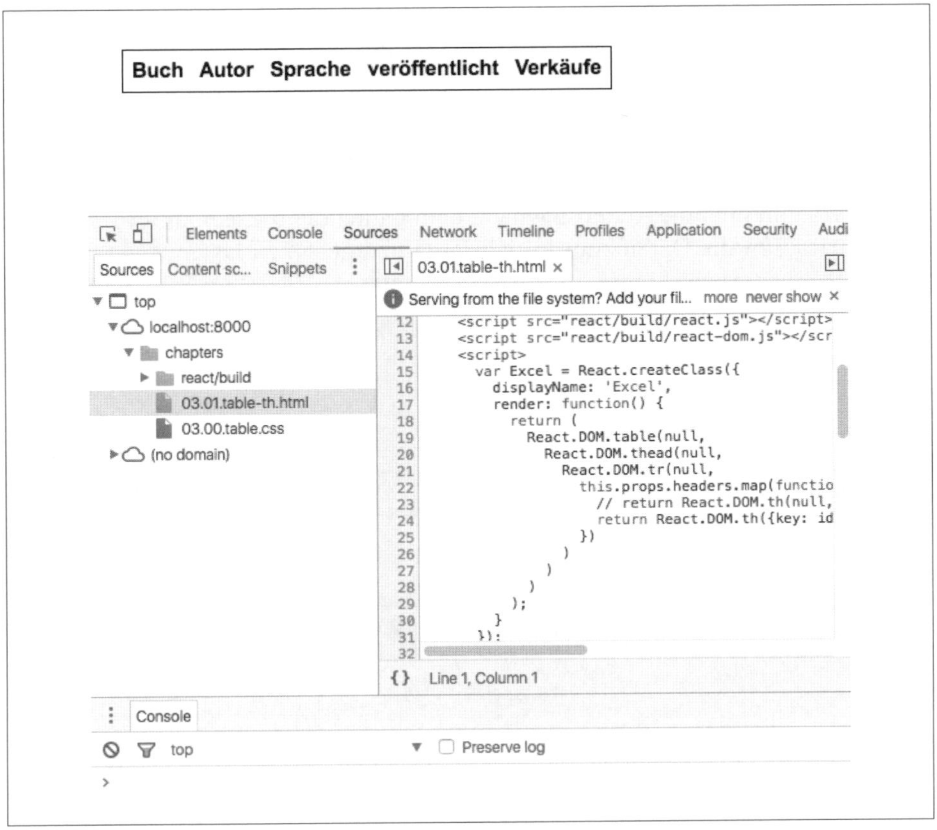

Abbildung 3-2: Rendern des Tabellenkopfs ohne Warnungen

<td>-Inhalte hinzufügen

Jetzt haben wir einen schönen Tabellenkopf und können den Rumpf hinzufügen. Beim Inhalt des Kopfs handelt es sich um ein eindimensionales Array (eine Zeile), die Daten sind aber zweidimensional. Sie brauchen also zwei Schleifen: Eine durchläuft die Zeilen, die andere die Daten (Felder) für jede Zeile. Das lässt sich wie schon zuvor über `.map()`-Schleifen erreichen:

```
data.map(function(row) {
  return (
    React.DOM.tr(null,
      row.map(function(cell) {
        return React.DOM.td(null, cell);
      })
    )
  );
})
```

Wir müssen uns aber noch Gedanken über die Variable data machen: Wo kommt sie her, und wie ändert sie sich? Der Aufrufer Ihrer Excel-Komponente sollte die Daten übergeben können, um die Tabelle zu initialisieren. Später werden sich die Daten aber in der Tabelle ändern, weil der Anwender dazu in der Lage sein soll, sie zu sortieren, zu bearbeiten und weitere Dinge mit ihnen zu machen. Mit anderen Worten – der Status der Komponente wird sich ändern. Verwenden wir also this.state.data, um über die Änderungen auf dem Laufenden zu sein, und this.props.initialData, um die Daten zum Initialisieren übergeben zu lassen. Eine vollständige Implementierung könnte nun wie folgt aussehen (das Ergebnis sehen Sie in Abbildung 3-3):

```
getInitialState: function() {
  return {data: this.props.initialData};
},

render: function() {
  return (
    React.DOM.table(null,
      React.DOM.thead(null,
        React.DOM.tr(null,
          this.props.headers.map(function(title, idx) {
            return React.DOM.th({key: idx}, title);
          })
        )
      ),
      React.DOM.tbody(null,
        this.state.data.map(function(row, idx) {
          return (
            React.DOM.tr({key: idx},
              row.map(function(cell, idx) {
                return React.DOM.td({key: idx}, cell);
              })
            )
          );
        })
      )
    )
  );
}
```

Wie Sie sehen, wiederholt sich das Muster {key: idx}, mit dem jedes Element in einem Array aus Komponenten einen eindeutigen Schlüssel erhält. Es starten zwar alle .map()-Schleifen bei 0, aber das ist kein Problem, da der Schlüssel nicht für die gesamte Anwendung, sondern nur innerhalb der aktuellen Schleife eindeutig sein muss.

> Die Funktion render() lässt sich immer ein wenig schwer im Auge behalten, vor allem in Bezug auf die schließenden } und). Aber keine Bange – JSX wird Ihnen dieses Problem bald abnehmen!

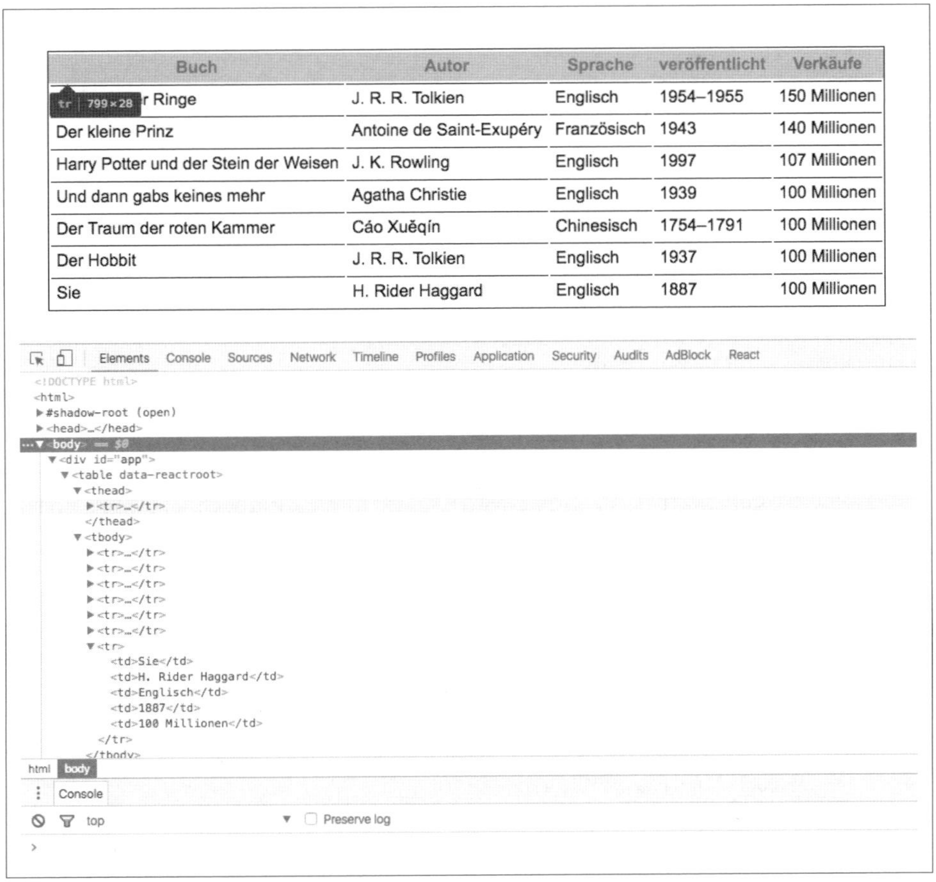

Abbildung 3-3: Die vollständig gerenderte Tabelle

Der vorige Codeabschnitt enthält keine Eigenschaft `propTypes` (die optional, aber sehr empfehlenswert ist). Sie dient sowohl der Datenvalidierung als auch der Komponentendokumentation. Machen wir uns die Arbeit, so spezifisch wie möglich zu sein, um die Gefahr zu verringern, dass jemand irgendwelche Mülldaten in unserer schönen `Excel`-Komponente abkippt. `React.PropTypes` bietet einen `array`-Validator, mit dem sichergestellt werden kann, dass es sich bei der Eigenschaft immer um ein Array handelt. Mit `arrayOf` können Sie zudem den Typ der Array-Elemente angeben. In diesem Fall wollen wir nur Strings für die Kopfzeilenelemente und die eigentlichen Daten akzeptieren:

```
propTypes: {
  headers: React.PropTypes.arrayOf(
    React.PropTypes.string
  ),
  initialData: React.PropTypes.arrayOf(
    React.PropTypes.arrayOf(
```

```
            React.PropTypes.string
          )
        ),
      },
```

Das ist doch mal strikt!

Wie können Sie die Komponente verbessern?

Das Beschränken auf Stringdaten ist in einer generischen Tabellen-Komponente ein wenig zu restriktiv. Als Übung können Sie weitere Datentypen zulassen (`React.PropTypes.any`) und die Daten abhängig vom Typ rendern (um Zahlen zum Beispiel rechtsbündig anzeigen zu lassen).

Sortieren

Wie oft haben Sie eine Tabelle auf einer Webseite gesehen und sich gewünscht, sie anders sortiert zu haben. Zum Glück ist das mit React sehr einfach umzusetzen. Tatsächlich ist das ein Beispiel, bei dem React sogar richtig glänzen kann, weil Sie nur das Daten-Array sortieren müssen – alles andere erledigen die UI-Updates für Sie.

Zunächst fügen wir einen Click-Handler zur Kopfzeile hinzu:

```
React.DOM.table(null,
  React.DOM.thead({onClick: this._sort},
    React.DOM.tr(null,
    // ...
```

Jetzt implementieren wir die Funktion `_sort`. Sie müssen wissen, nach welcher Spalte sortiert werden soll. Das können Sie ganz praktisch über die Eigenschaft `cellIndex` des Event-Targets abfragen (bei dem es sich um einen Tabellenkopf `<th>` handelt):

```
var column = e.target.cellIndex;
```

> In der Anwendungsentwicklung werden Sie es selten mit `cellIndex` zu tun haben. Dabei handelt es sich um eine Eigenschaft, die schon in DOM Level 1 als »der Index dieses Felds in der Zeile« definiert und in DOM Level 2 dann schreibgeschützt wurde.

Sie brauchen noch eine Kopie der zu sortierenden Daten. Denn würden Sie die `sort()`-Methode des Arrays direkt verwenden, wäre das Array dadurch verändert – `this.state.data.sort()` würde also `this.state` aktualisieren. Und wie Sie schon wissen, sollte dieses nicht direkt bearbeitet werden, sondern nur durch `setState()`:

```
// Daten kopieren
var data = this.state.data.slice();
// oder `Array.from(this.state.data)` in ES6
```

Das Sortieren geschieht jetzt durch einen Callback in der Methode sort():

```
Data.sort(function(a, b) {
  Return a[column] > b[column] ? 1 : -1;
});
```

Und schließlich setzt dieser Code den Status mit den neuen, sortierten Daten:

```
this.setState({
  data: data,
});
```

Klicken Sie jetzt auf einen Eintrag im Tabellenkopf, wird der Inhalt alphabetisch sortiert (Abbildung 3-4).

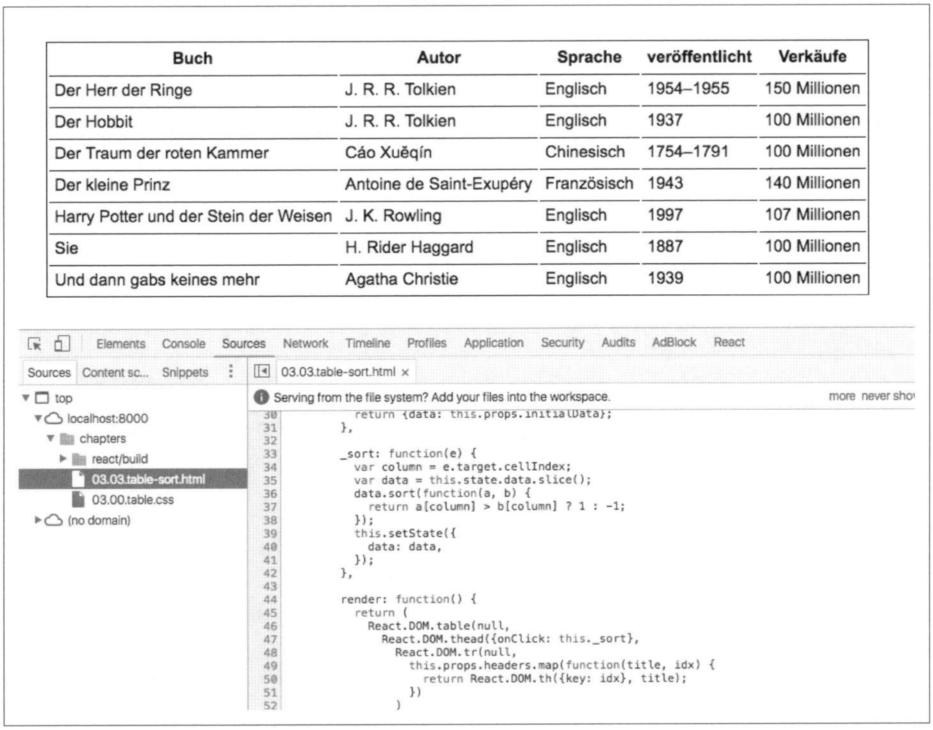

Abbildung 3-4: Nach Buchtitel sortieren

Und das ist schon alles – Sie müssen das UI-Rendering gar nicht anfassen. In der Methode render() haben Sie ein für alle Mal definiert, wie die Komponente mit bestimmten Daten auszusehen hat. Ändern sich die Daten, ändert sich auch das UI – aber das ist nicht mehr Ihr Problem.

Wie können Sie die Komponente verbessern?

Das war hier eine ziemlich einfache Sortierung, gerade ausreichend, um für die Vorstellung von React als Beispiel zu dienen. Sie können aber noch viel weiter gehen, indem Sie zum Beispiel den Inhalt parsen und prüfen, ob er nur aus Zahlen besteht, ob er Maßeinheiten besitzt und so weiter.

Sortierhinweise im UI

Die Tabelle ist jetzt zwar schön sortiert, aber es ist nicht klar, nach welcher Spalte. Passen wir das UI so an, dass ein Pfeil neben dem Spaltentitel die Sortierung anzeigt. Und da wir gerade dabei sind, kümmern wir uns auch noch um die absteigende Sortierung.

Um den neuen Status zu verwalten, benötigen Sie zwei neue Eigenschaften:

`this.state.sortby`
: Der Index der Spalte, nach der aktuell sortiert wird.

`this.state.descending`
: Ein boolescher Wert, der bestimmt, ob absteigend oder aufsteigend sortiert wird.

```
getInitialState: function() {
  return {
    data: this.props.initialData,
    sortby: null,
    descending: false,
  };
},
```

In der Funktion `_sort()` müssen Sie jetzt beachten, wie sortiert werden soll. Standardmäßig wird aufsteigend sortiert, sofern der Index der neuen Spalte nicht dem der aktuellen Spalte entspricht und die Sortierung nicht schon absteigend ist:

```
var descending = this.state.sortby === column &&
                 !this.state.descending;
```

Sie brauchen zudem noch eine kleine Anpassung am Sortier-Callback:

```
data.sort(function(a, b) {
  return descending
    ? (a[column] < b[column] ? 1 : -1)
    : (a[column] > b[column] ? 1 : -1)
});
```

Und schließlich müssen Sie noch den neuen Status setzen:

```
this.setState({
  data: data,
  sortby: column,
  descending: descending,
});
```

Jetzt muss nur noch die `render()`-Funktion so angepasst werden, dass die Sortierung angezeigt wird. Wir fügen dafür einfach bei der aktuell sortierten Spalte im Titel einen Pfeil ein:

```
this.props.headers.map(function(title, idx) {
  if (this.state.sortby === idx) {
    title += this.state.descending ? ' \u2191' : ' \u2193'
  }
  return React.DOM.th({key: idx}, title);
}, this)
```

Damit ist das Sortierfeature komplett umgesetzt – die Anwender können nach einer beliebigen Spalte sortieren, mit einem Klick aufsteigend und mit einem weiteren Klick absteigend, und das UI wird so angepasst, dass die entsprechende Spalte zu erkennen ist (Abbildung 3-5).

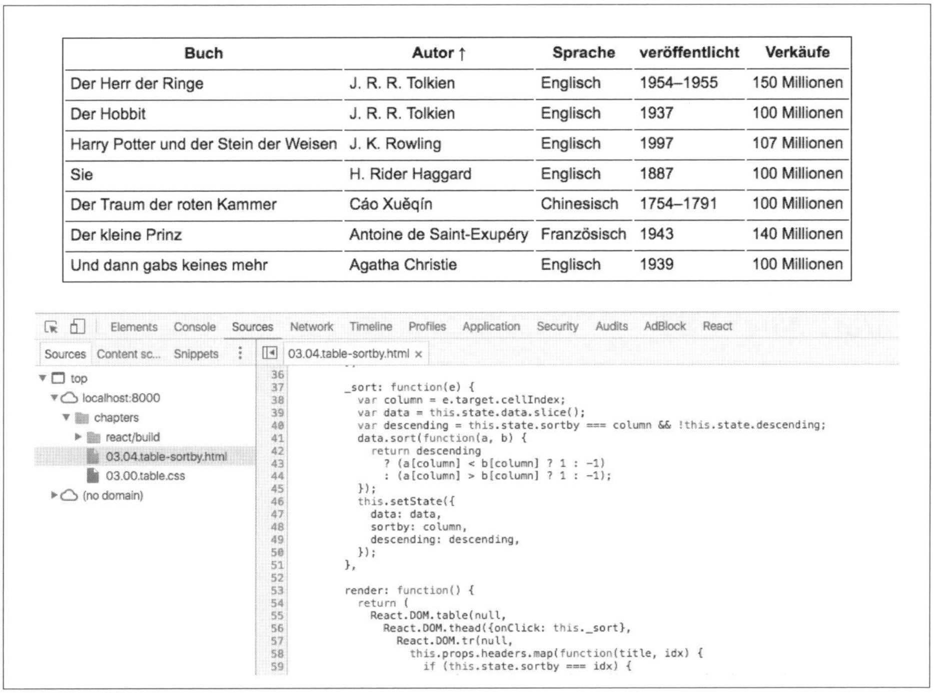

Abbildung 3-5: Aufsteigende und absteigende Sortierung

Daten bearbeiten

Der nächste Schritt in der `Excel`-Komponente ist die Möglichkeit, Daten in der Tabelle bearbeiten zu können. Ein Lösungsweg wäre der folgende:

1. Sie klicken doppelt in ein Feld. `Excel` ermittelt das Feld und verwandelt es aus einem normalen Text in ein Eingabefeld, das schon mit dem Text vorgefüllt ist (Abbildung 3-6).
2. Sie bearbeiten den Inhalt (Abbildung 3-7).
3. Sie drücken die [↵]-Taste. Das Eingabefeld verschwindet, und die Tabelle wird mit dem neuen Text aktualisiert (Abbildung 3-8).

Buch	Autor	Sprache	veröffentlicht	Verkäufe
Der Herr der Ringe	J. R. R. Tolkien	Englisch	1954–1955	150 Millionen

Abbildung 3-6: Das Tabellenfeld verwandelt sich bei einem Doppelklick in ein Eingabefeld

Buch	Autor	Sprache	veröffentlicht	Verkäufe
Der Herr der Ringe	J. R. R. Tolkien	Englisch	1954–1955	200 Millionen
Der kleine Prinz	Antoine de Saint-Exupéry	Französisch	1943	140 Millionen

Abbildung 3-7: Der Inhalt wird bearbeitet

Buch	Autor	Sprache	veröffentlicht	Verkäufe
Der Herr der Ringe	J. R. R. Tolkien	Englisch	1954–1955	200 Millionen
Der kleine Prinz	Antoine de Saint-Exupéry	Französisch	1943	140 Millionen

Abbildung 3-8: Der Inhalt wird mit dem Drücken der Enter-Taste aktualisiert

Bearbeitbares Feld

Als Erstes richten Sie einen einfachen Event-Handler ein. Bei einem Doppelklick »merkt« sich die Komponente das ausgewählte Feld:

```
React.DOM.tbody({onDoubleClick: this._showEditor}, ...)
```

> Beachten Sie das nettere, besser lesbare `onDoubleClick` im Vergleich zum `ondblclick` des W3C.

Schauen wir uns an, wie `_showEditor` aussieht:

```
_showEditor: function(e) {
  this.setState({edit: {
    row: parseInt(e.target.dataset.row, 10),
    cell: e.target.cellIndex,
  }});
},
```

Was passiert hier?

- Die Funktion setzt die `edit`-Eigenschaft von `this.state`. Diese Eigenschaft ist `null`, wenn kein Feld bearbeitet wird, verwandelt sich dann aber in ein Objekt mit den Eigenschaften `row` und `cell` mit dem Zeilen- und Spalten-Index des zu bearbeitenden Felds. Klicken Sie also doppelt auf das allererste Feld, erhält `this.state.edit` den Wert `{row: 0, cell: 0}`.

- Um den Index des Felds zu ermitteln, verwenden Sie das gleiche `e.target.cellIndex` wie zuvor im Tabellenkopf.
- Es gibt im DOM leider keinen `rowIndex`, daher müssen Sie sich ihn selbst über ein »`data-`«-Attribut bauen. Jedes Feld sollte ein Attribut `data-row` mit dem Zeilenindex besitzen, das Sie dann per `parseInt()` zurückverwandeln können.

Es gibt noch ein paar weitere Präzisierungen und Voraussetzungen. So gab es die Eigenschaft `edit` bisher nicht, also sollte sie auch in der Methode `getInitialState()` initialisiert werden:

```
getInitialState: function() {
  return {
    data: this.props.initialData,
    sortby: null,
    descending: false,
    edit: null, // {row: index, cell: index}
  };
},
```

Die Eigenschaft `data-row` benötigen Sie, um sich den Zeilenindex zu merken. So sieht das Rendering für den `tbody` aus:

```
React.DOM.tbody({onDoubleClick: this._showEditor},
  this.state.data.map(function(row, rowidx) {
    return (
      React.DOM.tr({key: rowidx},
        row.map(function(cell, idx) {
          var content = cell;

          // TODO - `content` in Eingabefeld umwandeln, wenn `idx`
          // und `rowidx` zum zu bearbeitenden Feld passen;
          // ansonsten nur Textinhalt anzeigen

          return React.DOM.td({
            key: idx,
            'data-row': rowidx
          }, content);
        }, this)
      )
    );
  }, this)
)
```

Schließlich müssen wir uns noch um unser `TODO` kümmern. Bauen wir bei Bedarf ein Eingabefeld. Die gesamte `render()`-Funktion wird wieder aufgerufen, weil durch den Aufruf von `setState()` die `edit`-Eigenschaft gesetzt wurde. React rendert die Tabelle neu, womit Sie die Chance haben, das Tabellenfeld zu aktualisieren, das doppelt angeklickt wurde.

Eingabefeld

Schauen wir uns den Code zum Ersetzen des `TODO` an. Als Erstes merken wir uns den Bearbeitungsstatus:

```
var edit = this.state.edit;
```

Dann prüfen wir, ob edit gesetzt ist und ob es sich dann um das aktuelle Feld handelt:

```
if (edit && edit.row === rowidx && edit.cell === idx) {
  // ...
}
```

Handelt es sich um das entsprechende Feld, erstellen wir ein Formular und ein Eingabefeld mit dem Inhalt des Felds:

```
content = React.DOM.form({onSubmit: this._save},
  React.DOM.input({
    type: 'text',
    defaultValue: content,
  })
);
```

Wie Sie sehen, handelt es sich um ein Formular mit einem einzelnen Eingabefeld, das mit dem Text des Felds vorbefüllt ist. Wird das Formular abgeschickt, springt die private _save()-Methode ein.

Sichern

Das letzte Puzzleteilchen beim Bearbeiten ist das Abspeichern der geänderten Inhalte, nachdem der Benutzer fertig mit der Eingabe ist und das Formular abgeschickt hat (über Drücken der ↵-Taste):

```
_save: function(e) {
  e.preventDefault();
  // ... eigentliches Speichern
},
```

Nachdem das Standardverhalten unterbunden wurde (sodass die Seite nicht neu lädt), brauchen Sie eine Referenz auf das Eingabefeld:

```
var input = e.target.firstChild;
```

Kopieren Sie die Daten, sodass Sie this.state nicht direkt verändern:

```
var data = this.state.data.slice();
```

Aktualisieren Sie das Datenelement, das Sie mithilfe der Feld- und Zeilenindizes aus der edit-Eigenschaft von state ermitteln können:

```
data[this.state.edit.row][this.state.edit.cell] = input.value;
```

Setzen Sie schließlich den Status, wodurch das UI neu gerendert wird:

```
this.setState({
  edit: null, // Bearbeiten abgeschlossen
  data: data,
});
```

Zusammenfassung und virtuelle DOM-Diffs

Jetzt ist das Bearbeiten-Feature abgeschlossen. So viel Code war dazu gar nicht notwendig:

- Legen Sie mithilfe von `this.state.edit` fest, welches Feld bearbeitet wird.
- Rendern Sie beim Anzeigen der Tabelle ein Eingabefeld, wenn Zeilen- und Feldindex zu dem Feld passen, das der Benutzer doppelt angeklickt hat.
- Aktualisieren Sie das Daten-Array mit dem neuen Wert aus dem Eingabefeld.

Sobald Sie die neuen Daten mit `setState()` setzen, ruft React die `render()`-Methode der Komponente auf, und das UI wird wie durch Magie angepasst. Sie haben vielleicht das Gefühl, dass es nicht wirklich effizient ist, die gesamte Tabelle für nur ein geändertes Feld neu zu rendern, aber in Wirklichkeit passt React auch nur genau ein Feld an.

Öffnen Sie die Dev-Tools Ihres Browsers, können Sie sehen, welche Teile des DOM-Baums aktualisiert werden, während Sie mit Ihrer Anwendung interagieren. Abbildung 3-9 zeigt, wie in den Dev-Tools die Änderungen am DOM hervorgehoben sind, nachdem Sie die Sprache von »Der Herr der Ringe« in »Englisch« umgeändert haben.

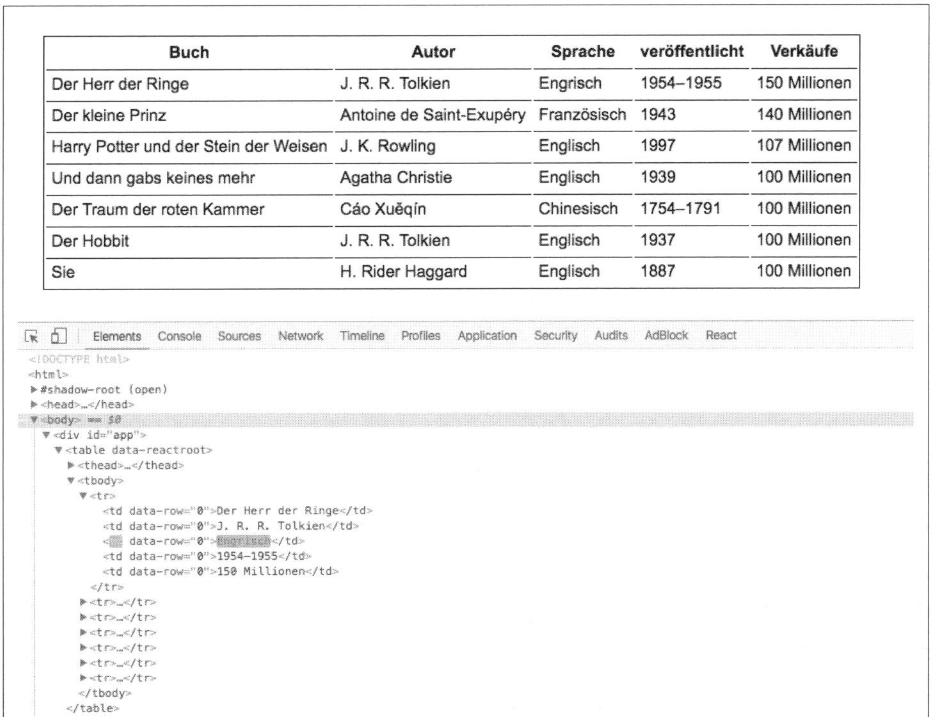

Abbildung 3-9: Hervorhebung von Änderungen am DOM

Unter der Motorhaube ruft React Ihre `render()`-Methode auf und erstellt eine schlanke Repräsentation des gewünschten DOM-Ergebnisses. Diese Repräsentation wird als *virtueller DOM-Baum* bezeichnet. Wird die `render()`-Methode erneut aufgerufen (zum Beispiel nach einem Aufruf von `setState()`), vergleicht React den virtuellen Baum vor und nach der Änderung und erstellt ein Diff. Basierend darauf ermittelt React die minimal notwendigen DOM-Operationen (zum Beispiel `appendChild()`, `textContent` usw.), um diese dann auf das Browser-DOM anzuwenden.

In Abbildung 3-9 ist nur eine Änderung an dem Feld notwendig, und es muss gar nicht die gesamte Tabelle gerendert werden. Durch das Ermitteln der minimal erforderlichen Änderungen und das Zusammenfassen von DOM-Operationen (*Batching*) greift React so wenig wie möglich in das DOM ein, da diese Operationen bekanntermaßen sehr langsam sind (verglichen mit reinen JavaScript-Operationen, Funktionsaufrufen usw.) und oft den Flaschenhals in der Performance von Rich Web Applications darstellen.

Lange Rede, kurzer Sinn: React unterstützt Sie in Bezug auf Performance und das Aktualisieren des UI, indem es:

- das DOM nur möglichst selten anpasst und
- Event-Delegation für die Benutzerinteraktion einsetzt.

Suchen

Als Nächstes wollen wir die `Excel`-Komponente um eine Suchmöglichkeit erweitern, sodass der Anwender den Inhalt der Tabelle filtern kann. Das ist der Plan:

- Einen Button hinzufügen, um das neue Feature an- und abzuschalten (Abbildung 3-10).
- Ist die Suche an, eine Zeile mit Eingabefeldern hinzufügen, mit denen in den entsprechenden Spalten gesucht werden kann (Abbildung 3-11).
- Während der Eingabe des Benutzers das Array von `state.data` filtern, sodass nur passende Inhalte zu sehen sind (Abbildung 3-12).

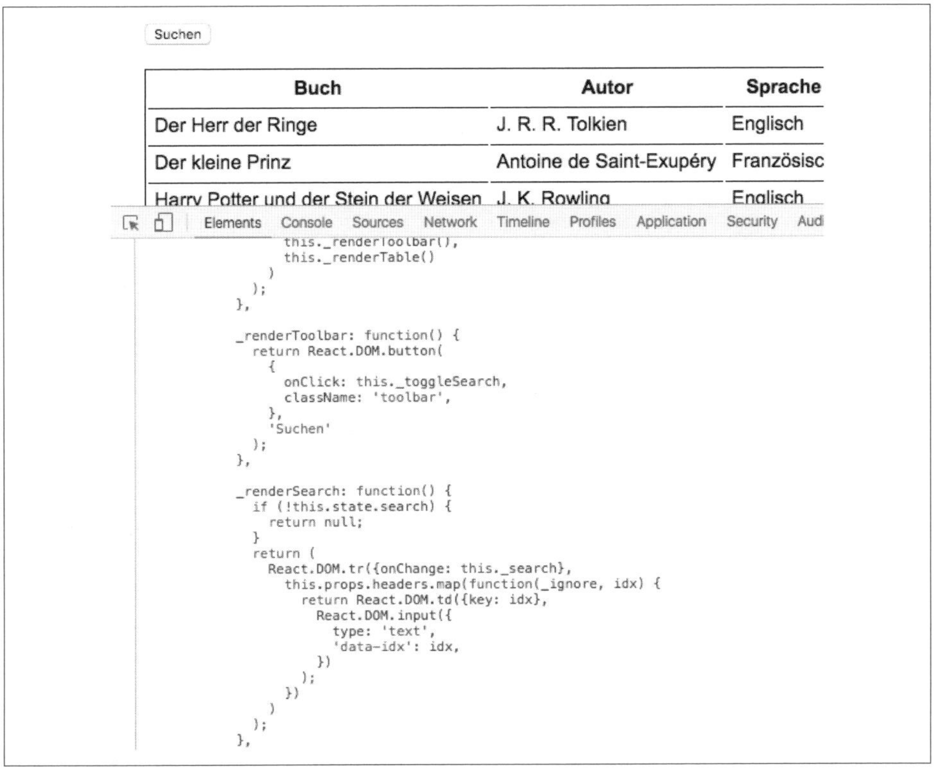

Abbildung 3-10: Suchbutton

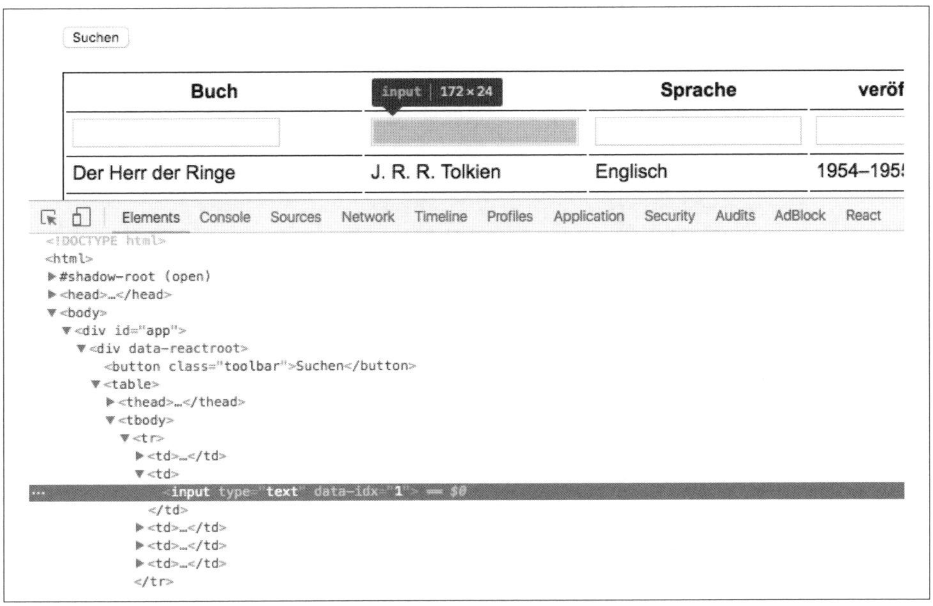

Abbildung 3-11: Zeile mit Eingabefeldern zum Suchen/Filtern

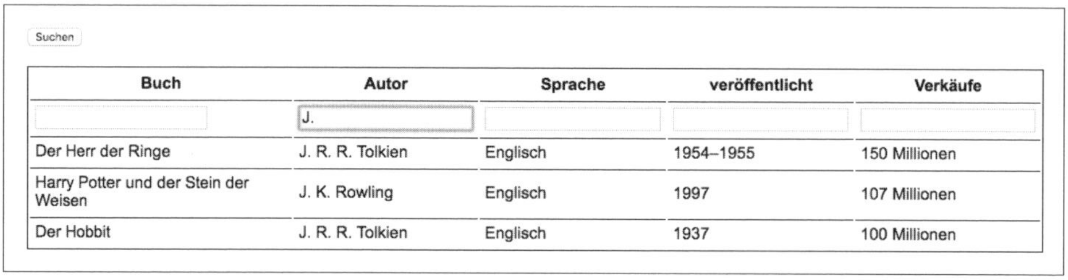
Suchen

Buch	Autor	Sprache	veröffentlicht	Verkäufe
	J.			
Der Herr der Ringe	J. R. R. Tolkien	Englisch	1954–1955	150 Millionen
Harry Potter und der Stein der Weisen	J. K. Rowling	Englisch	1997	107 Millionen
Der Hobbit	J. R. R. Tolkien	Englisch	1937	100 Millionen

Abbildung 3-12: Suchergebnis

Status und UI

Als Erstes fügen wir eine Eigenschaft `search` zum Objekt `this.state` hinzu, um uns merken zu können, ob die Suchfunktion aktiv ist:

```
getInitialState: function() {
  return {
    data: this.props.initialData,
    sortby: null,
    descending: false,
    edit: null, // [row index, cell index],
    search: false,
  };
},
```

Als Nächstes passen wir das UI an. Um das Rendern besser im Griff zu behalten, teilen wir die `render()`-Funktion in kleinere Einheiten auf. Bisher hat sie nur eine Tabelle gerendert. Nennen wir diesen Teil in `_renderTable()` um. Der Suchbutton wird Teil einer größeren Toolbar sein (Sie werden später noch eine Exportfunktion hinzufügen), also rendern wir ihn in einer Funktion `_renderToolbar()`.

Das Ergebnis sieht wie folgt aus:

```
render: function() {
  return (
    React.DOM.div(null,
      this._renderToolbar(),
      this._renderTable()
    )
  );
},

_renderToolbar: function() {
  // TODO
},
_renderTable: function() {
  // das, was zuvor in `render()` stand
},
```

Wie Sie sehen, liefert die Funktion `render()` einen `div`-Container mit zwei Kind-Elementen zurück: der Toolbar und der Tabelle. Sie wissen schon, wie das Rendern der Tabelle aussieht, und das Rendern der Toolbar beschränkt sich zunächst nur auf einen Button:

```
_renderToolbar: function() {
  return React.DOM.button(
    {
      onClick: this._toggleSearch,
      className: 'toolbar',
    },
    'Suchen'
  );
},
```

Ist die Suche eingeschaltet (und daher `this.state.search` auf `true`), brauchen Sie eine neue Tabellenzeile mit Eingabefeldern. Bauen wir uns dafür die Funktion `_renderSearch()`:

```
_renderSearch: function() {
  if (!this.state.search) {
    return null;
  }
  return (
    React.DOM.tr({onChange: this._search},
      this.props.headers.map(function(_ignore, idx) {
        return React.DOM.td({key: idx},
          React.DOM.input({
            type: 'text',
            'data-idx': idx,
          })
        );
      })
    )
  );
},
```

Wie Sie sehen, muss die Funktion nichts rendern, wenn die Suchfunktion nicht aktiviert wurde. In dem Fall gibt sie `null` zurück. Eine weitere Möglichkeit wäre natürlich, dass der Aufrufer dieser Funktion die Entscheidung trifft und sie ohne Suche gar nicht erst aufruft. Aber bei unserem Vorgehen wird dafür gesorgt, dass die sowieso schon unübersichtliche Funktion `_renderTable()` nicht noch komplizierter wird. Das muss in der Funktion geschehen:

Zuvor:

```
React.DOM.tbody({onDoubleClick: this_showEditor},
  this.state.data.map(function(row, rowidx) { // ...
```

Danach:

```
React.DOM.tbody({onDoubleClick: this._showEditor},
  this._renderSearch(),
  this.state.data.map(function(row, rowidx) { // ...
```

Die Eingabefelder für die Suche sind weitere Kind-Knoten, die vor der Hauptdatenschleife (für alle Tabellenzeilen und -felder) eingefügt werden. Gibt `_renderSearch()`

den Wert `null` zurück, rendert React einfach kein zusätzliches Kind und macht mit der eigentlichen Tabelle weiter.

Das ist erst einmal alles, was wir am UI anpassen müssen. Schauen wir uns nun den Kernbestandteil des Features an – die »Business-Logik«, wenn Sie so wollen –: die eigentliche Suche.

Inhalte filtern

Das Suchfeature werden wir ziemlich einfach umsetzen: Wir nehmen das Daten-Array, rufen die Methode `Array.prototype.filter()` dafür auf und geben ein gefiltertes Array mit den Elementen zurück, die zum Suchstring passen.

Das UI nutzt weiterhin `this.state.data` zum Rendern, aber dabei handelt es sich nun um eine reduzierte Version seiner selbst.

Sie benötigen eine Kopie der Daten, bevor Sie mit der Suche anfangen, da Sie diese ansonsten für immer verlieren. So kann der Benutzer aber zur vollständigen Tabelle zurückkehren oder den Suchstring anpassen, um andere Einträge zu finden. Nennen wir diese Kopie (eigentlich eine Referenz) `_preSearchData`:

```
var Excel = React.createClass({
  // Sonstiges ...

  _preSearchData: null,

  // noch mehr ...
});
```

Klickt der Benutzer auf den Suchen-Button, wird die Funktion `_toggleSearch()` aufgerufen. Diese dient dazu, das Suchfeature ein- und auszuschalten. Dazu:

- setzt sie `this.state.search` entsprechend auf `true` oder `false`,
- »merkt« sich die alten Daten, wenn die Suche aktiviert wird, und
- setzt die alten Daten zurück, wenn die Suche wieder deaktiviert wird.

So kann die Funktion aussehen:

```
_toggleSearch: function() {
  if (this.state.search) {
    this.setState({
      data: this._preSearchData,
      search: false,
    });
    this._preSearchData = null;
  } else {
    this._preSearchData = this.state.data;
    this.setState({
      search: true,
    });
  }
},
```

Als Letztes müssen wir noch die Funktion _search() implementieren, die immer dann aufgerufen wird, wenn sich etwas in der Suchzeile ändert – der Benutzer also in eins der Felder etwas hineintippt. So sieht die vollständige Implementierung aus – gefolgt von ein paar weiteren Details:

```
_search: function(e) {
  var needle = e.target.value.toLowerCase();
  if (!needle) { // der Suchstring wurde gelöscht
    this.setState({data: this._preSearchData});
    return;
  }
  var idx = e.target.dataset.idx; // welche Spalte?
  var searchdata = this._preSearchData.filter(function(row) {
    return row[idx].toString().toLowerCase().indexOf(needle) > -1;
  });
  this.setState({data: searchdata});
},
```

Den Suchstring erhalten Sie aus dem Target des Change-Events (dem Eingabefeld):

```
var needle = e.target.value.toLowerCase();
```

Gibt es keinen Suchstring (der Benutzer hat seine Eingabe gelöscht), nimmt sich die Funktion die ursprünglichen, gecachten Daten, die dann zum neuen Status werden:

```
if (!needle) {
  this.setState({data: this._preSearchData});
  return;
}
```

Gibt es einen Suchstring, werden die Daten gefiltert, und die Ergebnisse daraus werden als neuer Status gesetzt:

```
var idx = e.target.dataset.idx;
var searchdata = this._preSearchData.filter(function(row) {
  return row[idx].toString().toLowerCase().indexOf(needle) > -1;
});
this.setState({data: searchdata});
```

Damit ist das Suchfeature komplett umgesetzt. Zu seiner Implementierung waren nur diese Schritte notwendig:

- Ein UI für die Suchfelder hinzufügen.
- Das neue UI auf Anforderung anzeigen beziehungsweise verbergen.
- Die eigentliche »Businesslogik« – ein simpler Aufruf der Array-Funktion filter().

Am ursprünglichen Rendering der Tabelle musste nichts geändert werden. Wie immer machen Sie sich nur Gedanken über den Status Ihrer Daten, während React sich um das Rendering (und das ganze anstrengende DOM-Handling) kümmert, das durch die geänderten Daten notwendig wird.

Wie können Sie die Suche verbessern?

Das war ein einfaches, aber funktionsfähiges Beispiel, das zeigen sollte, wie man vorgeht. Können Sie dieses Feature verbessern?

Eine simple Verbesserungsmöglichkeit ist, den Text des Suchbuttons anzupassen. Ist die Suche zum Beispiel aktiv (`this.state.search === true`), könnte er *Suche beenden* lauten.

Auch können Sie versuchen, eine *additive Suche* in mehreren Feldern zu implementieren, also schon gefilterte Daten weiterzufiltern. Tippt der Benutzer für die Sprache »Eng« ein und sucht dann noch in einem weiteren Feld, wäre es doch schön, wenn die Suche auf den Ergebnissen der vorigen Suche aufbaut. Wie würden Sie dieses Feature implementieren?

Instant Replay

Wie Sie jetzt wissen, kümmern sich Ihre Komponenten um ihren Status und überlassen React das Rendern und Neu-Rendern, wenn es notwendig ist. Das bedeutet: Mit den gleichen Daten (Status und Eigenschaften) wird die Anwendung immer exakt gleich aussehen – unabhängig davon, was sich vor oder nach diesem bestimmten Zustand geändert hat. Das gibt Ihnen eine tolle Möglichkeit zum Debuggen.

Stellen Sie sich vor, jemand stolpert beim Verwenden Ihrer Anwendung über einen Bug – und er kann dann auf einen Button klicken, der diesen Bug meldet, ohne genau beschreiben zu müssen, was passiert ist. Der Bug-Report kann Ihnen einfach eine Kopie von `this.state` und `this.props` zukommen lassen, sodass Sie den gleichen Anwendungszustand wiederherstellen und sich das UI anzeigen lassen können.

Ein »Undo« könnte ein weiteres Feature sein, das darauf basiert, dass React Ihre App mit gleichen Eigenschaften und gleichem Status immer identisch rendert. Und tatsächlich ist die Implementierung eines Undo trivial: Sie müssen nur zum vorigen Status zurückkehren.

Treiben wir die Idee nur zum Spaß ein bisschen weiter. Wir zeichnen jede Statusänderung in der `Excel`-Komponente auf und spielen sie wieder ab. Es ist faszinierend, alle vorigen Aktivitäten zu betrachten, während man Däumchen drehend vorm Rechner sitzt.

Bei der Implementierung wollen wir uns nicht mit der Frage beschäftigen, wann die Änderung geschah, wir möchten einfach nur den Anwendungsstatus in Schritten mit einer Sekunde Abstand »abspielen«. Um dieses Feature zu implementieren, müssen Sie nur eine Methode `_logSetState()` hinzufügen und alle Aufrufe von `setState()` durch diese neue Methode ersetzen.

So wird also überall aus:

```
this.setState(newState);
```

dieser Aufruf:

```
this._logSetState(newState);
```

`_logSetState()` muss zwei Dinge tun: Der neue Status muss protokolliert und dann an `setState()` übergeben werden. Dies ist eine Beispielimplementierung, bei der Sie eine tiefe Kopie des Status machen und sie an `_log` anhängen:

```
var Excel = React.createClass({

  _log: [],

  _logSetState: function(newState) {
    // alten Status in einem Klon merken
    this._log.push(JSON.parse(JSON.stringify(
      this._log.length === 0 ? this.state : newState
    )));
    this.setState(newState);
  },

  // ...

});
```

Sind nun alle Status protokolliert, wollen wir sie auch wiedergeben. Zum Auslösen der Wiedergabe fügen wir einen einfachen Event-Listener hinzu, der auf Tastaturaktivitäten lauscht und die Funktion `_replay()` aufruft:

```
componentDidMount: function() {
  document.onkeydown = function(e) {
    if (e.altKey && e.shiftKey && e.keyCode === 82) {
      // ALT+SHIFT+R(eplay)
      this._replay();
    }
  }.bind(this);
},
```

Und schließlich folgt die Methode `_replay()`. Sie verwendet `setInterval()` und liest ein Mal pro Sekunde das nächste Objekt aus dem Log, um es an `setState()` zu übergeben:

```
_replay: function() {
  if (this._log.length === 0) {
    console.warn('Noch kein Status zur Wiedergabe');
    return;
  }
  var idx = -1;
  var interval = setInterval(function() {
    idx++;
    if (idx === this._log.length - 1) { // Ende
      clearInterval(interval);
    }
```

```
        this.setState(this._log[idx]);
      }.bind(this), 1000);
    },
```

Wie können Sie die Wiedergabe verbessern?

Wie wäre es mit dem Implementieren eines Undo/Redo-Features? Der Anwender könnte im Status-Log mit Alt+Z einen Schritt zurück und mit Alt+⇧+Z einen Schritt vorgehen.

Eine alternative Implementierung?

Gibt es eine andere Möglichkeit, eine Replay/Undo-Funktionalität zu implementieren, ohne alle Ihre Aufrufe von `setState()` ändern zu müssen? Vielleicht über den Einsatz einer passenden Lifecycle-Methode (siehe Kapitel 2)?

Die Tabellendaten herunterladen

Nach all dem Sortieren, Bearbeiten und Suchen ist der Benutzer irgendwann (hoffentlich) mit dem Zustand der Daten zufrieden. Es wäre doch schön, wenn er sie herunterladen und später in anderen Programmen mit ihnen weiterarbeiten könnte.

Zum Glück ist das in React ganz einfach. Sie müssen nur das aktuelle `this.state.data` nehmen und es im JSON- oder CSV-Format ausgeben.

In Abbildung 3-13 sehen Sie das Ergebnis, wenn ein Anwender auf *Export CSV* klickt, die Datei mit dem Namen *data.csv* herunterlädt und sie dann in Microsoft Excel öffnet.

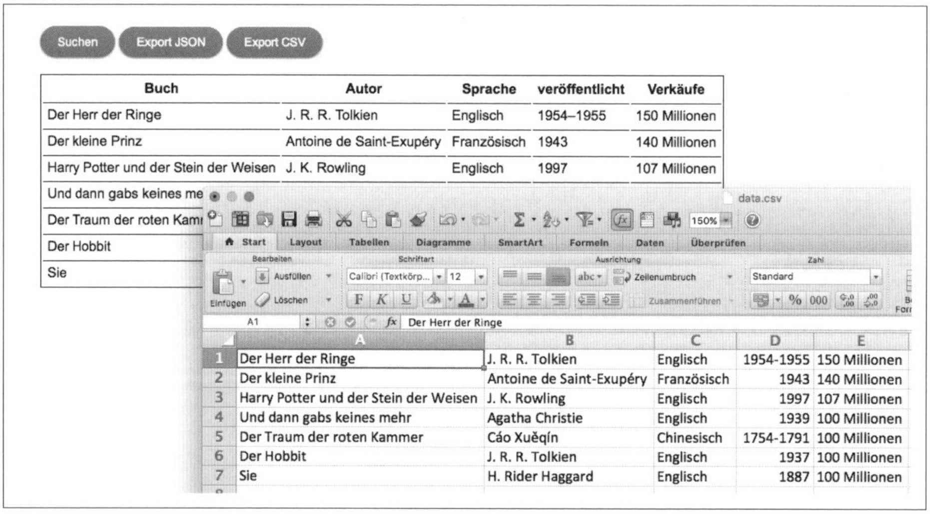

Abbildung 3-13: Tabellendaten als CSV nach Microsoft Excel exportieren

Als Erstes müssen wir in der Toolbar neue Elemente einfügen. Nutzen Sie ein bisschen HTML5-Magie, um die <a>-Links zum Anstoßen von Datei-Downloads umzubiegen. Daher müssen die neuen »Buttons« Links sein, die wir mit etwas CSS in Buttons verwandeln:

```
_renderToolbar: function() {
  return React.DOM.div({className: 'toolbar'},
    React.DOM.button({
      onClick: this._toggleSearch
    }, 'Suchen'),
    React.DOM.a({
      onClick: this._download.bind(this, 'json'),
      href: 'data.json'
    }, 'Export JSON'),
    React.DOM.a({
      onClick: this._download.bind(this, 'csv'),
      href: 'data.csv'
    }, 'Export CSV')
  );
},
```

Nun zur Funktion `_download()`. Das Exportieren von JSON ist trivial, aber für CSV müssen wir etwas mehr Aufwand betreiben. Letztendlich ist es aber doch nur eine Schleife über alle Zeilen und Spalten, die zu einem langen String führt. Ist das erledigt, löst die Funktion den Download über das `download`-Attribut und den durch `Window.URL` erzeugten `href`-Blob aus:

```
_download: function(format, ev) {
  var contents = format === 'json'
    ? JSON.stringify(this.state.data)
    : this.state.data.reduce(function(result, row) {
        return result
          + row.reduce(function(rowresult, cell, idx) {
              return rowresult
                + '"'
                + cell.replace(/"/g, '""')
                + '"'
                + (idx < row.length - 1 ? ';' : '');
            }, '')
          + "\n";
      }, '');

  var URL = window.URL || window.webkitURL;
  var blob = new Blob([contents], {type: 'text/' + format});
  ev.target.href = URL.createObjectURL(blob);
  ev.target.download = 'data.' + format;
},
```

KAPITEL 4
JSX

Bisher haben Sie in diesem Buch erfahren, wie Ihr UI in den `render()`-Funktionen mithilfe von Aufrufen von `React.createElement()` und der `React.DOM.*`-Familie (zum Beispiel `React.DOM.span()`) aufgebaut wird. Diese vielen Funktionsaufrufe sind allerdings etwas sperrig, und man verliert leicht den Überblick darüber, welche normalen, eckigen oder geschweiften Klammern jetzt gerade zu schließen sind. Es gibt aber eine Lösung: JSX.

Bei JSX handelt es sich um eine von React unabhängige Technologie, die komplett optional ist. In den ersten drei Kapiteln haben wir sie gar nicht verwendet. Sie können sich jederzeit dafür entscheiden, JSX nicht zu verwenden. Aber es ist sehr wahrscheinlich, dass Sie nie wieder zu den Funktionsaufrufen zurückkehren wollen, wenn Sie JSX einmal ausprobiert haben.

> Es ist nicht ganz klar, wofür das Akronym JSX steht – sehr wahrscheinlich *JavaScriptXML* oder *JavaScript Syntax eXtension*. Das offizielle Zuhause dieses Open-Source-Projekts finden Sie unter *http://facebook.github.io/jsx/*.

Hallo JSX

Schauen wir uns nochmals das »Hallo Welt«-Beispiel aus Kapitel 1 an:

```
<script src="react/build/react.js"></script>
<script src="react/build/react-dom.js"></script>
<script>
  ReactDOM.render(
    React.DOM.h1(
      {id: "my-heading"},
      React.DOM.span(null,
        React.DOM.em(null, "Hall"),
        "o"
      ),
      " Welt!"
    ),
```

```
        document.getElementById('app')
    );
</script>
```

In der `render()`-Funktion gibt es eine ganze Menge Funktionsaufrufe. Mit JSX wird sie einfacher:

```
ReactDOM.render(
  <h1 id="my-heading">
    <span><em>Hall</em>o</span> Welt!
  </h1>,
  document.getElementById('app')
);
```

Diese Syntax sieht aus wie HTML – und das kennen Sie schon. Allerdings handelt es sich nicht mehr um gültiges JavaScript, daher können Sie es so nicht im Browser laufen lassen. Sie müssen diesen Code in echtes JavaScript umwandeln (*transpilieren*), das der Browser versteht.

JSX transpilieren

Beim Transpilieren wird der Quellcode so umgeschrieben, dass die Ergebnisse die gleichen sind, aber eine Syntax verwendet wird, die auch ältere Browser verstehen. Es ist jedoch nicht das Gleiche wie der Einsatz von *Polyfills*.

Ein Beispiel für ein Polyfill ist das Hinzufügen einer Methode zu `Array.prototype`, wie zum Beispiel `map()`, die mit ECMAScript5 eingeführt wurde. So lässt sich diese auch in Browsern nutzen, die nur ECMAScript3 unterstützen, zum Beispiel:

```
if (!Array.prototype.map) {
  Array.prototype.map = function() {
    // Implementierung der Methode
  };
}

// Einsatz
Typeof [].map === 'function'; // true, `map()` kann genutzt werden
```

Ein Polyfill ist eine Lösung in der reinen JavaScript-Welt. Es ist sehr nützlich, wenn bestehende Objekte um neue Methoden erweitert oder neue Objekte implementiert werden sollen (wie zum Beispiel `JSON`). Aber Polyfills reichen nicht aus, wenn die Sprache neue Syntaxelemente erhalten soll. Neue Syntax, wie zum Beispiel ein Schlüsselwort `class`, ist schließlich ungültige Syntax, die in Browsern ohne `class`-Unterstützung einen Parse-Fehler wirft – und es gibt keine Möglichkeit, mit einem Polyfill zu helfen. Daher benötigt neue Syntax einen Kompilier-(Transpilier-)Schritt, um sie umzuwandeln, bevor sie an den Browser geliefert wird.

Das Transpilieren von JavaScript findet immer mehr Verbreitung, weil die Entwickler Features aus ECMAScript6 (aka ECMAScript2015) und neuer verwenden wollen, aber nicht auf die Browser warten können, die das unterstützen. Haben Sie schon einen Build-Prozess aufgesetzt (der zum Beispiel eine Minifizierung oder eine Transpilation von ECMAScript6 nach ECMAScript5 vornimmt), können Sie den Schritt zur JSX-Umwandlung einfach hinzufügen. Aber wir gehen hier einmal davon aus, dass Sie noch keinen Build-Prozess besitzen, und beschreiben die Schritte, mit denen Sie einen solchen (einfach gehaltenen) auf Clientseite einrichten.

Babel

Babel (früher bekannt als *6to5*) ist ein Open-Source-Transpiler, der die neuesten JavaScript-Features unterstützt und auch JSX-Support enthält. Wollen Sie JSX verwenden, brauchen Sie ihn. Im nächsten Kapitel werden Sie sehen, wie Sie einen Build-Prozess aufsetzen, mit dem Sie React-Anwendungen den Benutzern bereitstellen können. Für diese Einführung in JSX wollen wir das Ganze aber möglichst einfach halten und das Transpilieren auf Clientseite durchführen.

> Obligatorische Warnung: Umwandlungen auf Clientseite sind nur für Prototypen, Bildungszwecke und zum Ausprobieren gedacht. Sie sollten aus Performancegründen niemals in echten Anwendungen zum Einsatz kommen.

Für Umwandlungen im Browser (also auf Clientseite) benötigen Sie eine Datei namens *browser.js*. Babel stellt sie seit Version 6 nicht mehr bereit, aber Sie können sich immer noch die letzte funktionierende Version besorgen:

```
$ mkdir ~/reactbook/babel
$ cd ~/reactbook/babel
$ curl https://cdnjs.cloudflare.com/ajax/libs/babel-core/5.8.34/browser.js >
browser.js
```

> Vor Version 0.14 enthielt React ein Skript für einen Client namens JSXTransformer. Auch das NPM-Paket `react-tools` installierte in älteren Versionen das Befehlszeilentool `jsx`. Diese wurden alle entfernt, um Babel zu fördern.

Clientseite

Sie müssen auf Ihrer Seite zwei Dinge erledigen, damit JSX funktioniert:

- Binden Sie *browser.js* ein, durch die JSX transpiliert werden kann.
- Kennzeichnen Sie die Skripttags, die JSX verwenden, damit Babel weiß, wo es tätig werden muss.

Alle bisherigen Beispiele in diesem Buch haben die React-Bibliothek wie folgt eingebunden:

```
<script src="react/build/react.js"></script>
<script src="react/build/react-dom.js"></script>
```

Dazu ist jetzt noch der Transformer mit aufzunehmen:

```
<script src="react/build/react.js"></script>
<script src="react/build/react-dom.js"></script>
<script src="babel/browser.js"></script>
```

Nun müssen Sie die `<script>`-Tags der Codeabschnitte, die umgewandelt werden müssen, noch mit dem Attribut `text/babel` versehen.

Vorher:

```
<script>
  ReactDOM.render(/*...*/);
</script>
```

Nachher:

```
<script type="text/babel">
  ReactDOM.render(/*...*/);
</script>
```

Laden Sie die Seite, wird *browser.js* zum Leben erweckt, findet alle Skripte mit `text/babel` und wandelt ihren Inhalt in etwas um, das der Browser verwenden kann. In Abbildung 4-1 sehen Sie, was in Chrome passiert, wenn Sie versuchen, ein Skript mit JSX einfach so laufen zu lassen. Es meldet (wie erwartet) einen Syntaxfehler. In Abbildung 4-2 sehen Sie die funktionierende Seite, nachdem *browser.js* den Skriptblock vom Typ `text/babel` transpiliert hat.

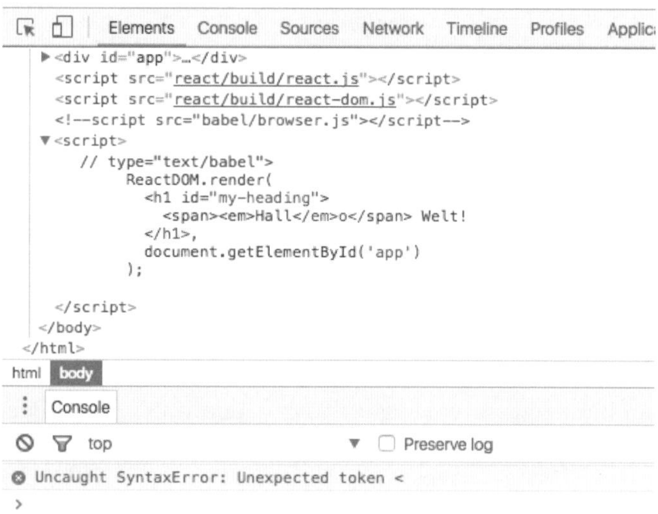

Abbildung 4-1: Browser verstehen die JSX-Syntax nicht

Abbildung 4-2: Das Browserskript von Babel zusammen mit dem Content-Type text/babel

Die JSX-Transformation

Um mit den JSX-Transformationen zu experimentieren und vertraut zu werden, können Sie mit dem Live-Editor unter *https://babel.js.io/repl/* spielen (Abbildung 4-3).

Abbildung 4-3: Live-Tool für JSX-Transformationen

Wie Sie in Abbildung 4-4 sehen, ist die JSX-Transformation schlank und einfach: Die JSX-Quelle von »Hallo Welt« wird zu einer Folge von Aufrufen von `React.createElement()`, wobei die gleiche funktionale Syntax eingesetzt wird, die Sie schon kennen. Es ist nur JavaScript, daher sollten Sie es problemlos lesen und verstehen können.

Abbildung 4-4: »Hallo Welt« umgewandelt

Es gibt noch ein weiteres Onlinetool, das Ihnen helfen kann, wenn Sie JSX lernen oder das Markup einer bestehenden Anwendung umwandeln wollen: der HTML-to-JSX-Transformer unter *http://magic.reactjs.net/htmltojsx.htm* (Abbildung 4-5).

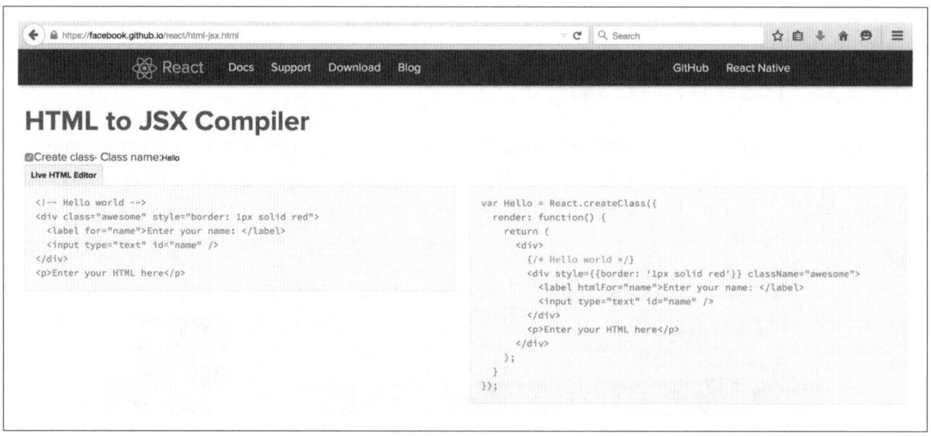

Abbildung 4-5: HTML-to-JSX-Tool

JavaScript in JSX

Wenn Sie ein UI aufbauen, müssen Sie häufig Variablen, Bedingungen und Schleifen einsetzen. Statt noch eine weitere Template-Syntax zu erfinden, können Sie bei

JSX JavaScript innerhalb des Markups schreiben. Sie müssen Ihren JavaScript-Code nur in geschweifte Klammern verpacken.

Nehmen wir eines der `Excel`-Beispiele aus dem vorigen Kapitel. Wenn wir die funktionale Syntax durch JSX ersetzen, erhalten wir so etwas wie das Folgende:

```
var Excel = React.createClass({

  /* schnipp ... */

  render: function() {
    var state = this.state;
    return (
      <table>
        <thead onClick={this._sort}>
          <tr>
            {this.props.headers.map(function(title, idx) {
              if (state.sortby === idx) {
                title += state.descending ? ' \u2191' : ' \u2193';
              }
              return <th key={idx}>{title}</th>;
            })}
          </tr>
        </thead>
        <tbody>
          {state.data.map(function(row, idx) {
            return (
              <tr key={idx}>
                {row.map(function(cell, idx) {
                  return <td key={idx}>{cell}</td>;
                })}
              </tr>
            );
          })}
        </tbody>
      </table>
    );
  }
});
```

Wie Sie sehen, werden Variablen in geschweifte Klammern gesetzt:

```
<th key={idx}>{title}</th>
```

Für Schleifen können Sie Aufrufe von `map()` ebenfalls in geschweiften Klammern unterbringen:

```
<tr key={idx}>
  {row.map(function(cell, idx) {
    return <td key={idx}>{cell}</td>;
  })}
</tr>
```

Sie können JSX in JavaScript in JSX verschachteln – so tief, wie Sie wollen. Stellen Sie sich JSX einfach als JavaScript (nach einer kleinen Transformation) in der vertrauten HTML-Syntax vor. Selbst Mitglieder Ihres Teams, die mit JavaScript nicht so vertraut sind, aber HTML kennen, können JSX schreiben. Und sie müssen gerade so viel JavaScript lernen, dass sie Variablen und Schleifen einsetzen können, um das UI mit echten Daten zu befüllen.

Im eben gezeigten `Excel`-Beispiel gibt es eine `if`-Bedingung in einem `map()`-Callback. Es handelt sich zwar um eine verschachtelte Bedingung, aber mit ein wenig Umformatieren können Sie sie mit einem gut lesbaren ternären Operator umsetzen:

```
return (
  <th key={idx}>{
    state.sortby === idx
      ? state.descending
        ? title + '\u2191'
        : title + '\u2193'
      : title
  }</th>
);
```

Ist Ihnen das mehrfache Auftreten von `title` aufgefallen? Sie können das vermeiden:

```
return (
  <th key={idx}>{title}{
    state.sortby === idx
      ? state.descending
        ? '\u2191'
        : '\u2193'
      : null
  }</th>
);
```

Allerdings müssen Sie in diesem Fall die Sortierfunktion anpassen. Sie geht nämlich davon aus, dass eine Person ein `<th>` anklickt, damit sie danach über `cellIndex` herausfinden kann, welches Feld betroffen ist. Haben Sie in JSX aber direkt aneinandergrenzende {}-Blöcke, werden `<span>`-Tags eingefügt, um sie voneinander trennen zu können. Mit anderen Worten: `<th>{1}{2}</th>` wird im DOM zu `<th><span>1</span><span>2</span></th>`.

Whitespace in JSX

Whitespace (also Leerzeichen, Tabulatoren usw.) verhalten sich in JSX ähnlich wie in HTML, aber nicht ganz:

```
<h1>
  {1} plus {2} ist   {3}
</h1>
```

wird zu:

```
<h1>
  <span>1</span><span> plus </span><span>2</span><span> ist   </span><span>3</span>
</h1>
```

was mit »1 plus 2 ist 3« genau so gerendert wird, wie Sie es in HTML erwarten: Mehrere Leerzeichen werden zu einem.

Aber in diesem Beispiel:

```
<h1>
  {1}
  plus
  {2}
  ist
  {3}
</h1>
```

landen Sie bei:

```
<h1>
  <span>1</span><span>plus</span><span>2</span><span>ist</span><span>3</span>
</h1>
```

Wie Sie sehen, wird der gesamte Whitespace entfernt, und daher ist das Endergebnis »1plus2ist3«.

Sie können bei Bedarf Leerzeichen über `{' '}` einfügen (was zu weiteren `<span>`-Tags führt) oder die literalen Strings zu Ausdrücken umformen und dort Leerzeichen ergänzen. Es geht also beides:

```
<h1>
  {/* Leerzeichen-Ausdrücke */}
  {1}
  {' '}plus{' '}
  {2}
  {' '}ist{' '}
  {3}
</h1>

<h1>
  {/* Leerzeichen in String-Ausdrücken */}
  {1}
  {' plus '}
  {2}
  {' ist '}
  {3}
</h1>
```

Kommentare in JSX

In den vorigen Beispielen hat sich ein weiteres neues Konzept eingeschlichen – Kommentare in JSX-Markup.

Da die Ausdrücke in {} normales JavaScript sind, können Sie mit `/* Kommentar */` auch Multiline-Kommentare einfügen. Einzeilige Kommentare mit `// Kommentar` sind ebenfalls möglich, aber dann müssen Sie darauf achten, dass sich die schließende } des Ausdrucks auf einer anderen Zeile befindet, damit sie nicht als Teil des Kommentars angesehen wird:

```
<h1>
  {/* multiline comment */}
  {/*
    Mehr-
    zeiliger-
    Kommentar
    */}
  {
    // Einzeiliger Kommentar
  }
  Hallo
</h1>
```

Da `{// Kommentar}` nicht funktioniert (} ist mit auskommentiert), lohnt es sich nicht, einzeilige Kommentare zu verwenden – bleiben Sie daher am besten bei einer der beiden Varianten und nutzen Sie immer mehrzeilige Kommentare.

HTML-Entitäten

Sie können HTML-Entitäten in JSX wie folgt verwenden:

```
<h2>
  Mehr Infos &raquo;
</h2>
```

Dieses Beispiel führt zu einem nach rechts zeigenden französischen Anführungszeichen, wie Sie in Abbildung 4-6 sehen.

Abbildung 4-6: HTML-Entitäten in JSX

Verwenden Sie die Entität aber als Teil eines Ausdrucks, werden Sie Probleme mit der doppelten Codierung bekommen. In diesem Beispiel:

```
<h2>
  {"Mehr Infos &raquo;"}
</h2>
```

wird das HTML codiert, und Sie sehen so etwas wie in Abbildung 4-7.

Abbildung 4-7: Doppelt codierte HTML-Entität

Um das zu verhindern, nutzen Sie die Unicode-Version der HTML-Entität, die in diesem Fall `\u00bb` ist (siehe *http://dev.w3.org/html5/html-author/charref*):

```
<h2>
  {"Mehr Infos \u00bb"}
</h2>
```

Zur Vereinfachung können Sie natürlich irgendwo weiter oben in Ihrem Modul eine Konstante definieren, in der dann auch gleich passende Leerzeichen enthalten sind, zum Beispiel:

```
const RAQUO = ' \u00bb';
```

Verwenden Sie diese dann nach Bedarf:

```
<h2>
  {"Mehr Infos" + RAQUO}
</h2>

<h2>
  {"Mehr Infos"}{RAQUO}
</h2>
```

> Ist Ihnen die Verwendung von const statt var aufgefallen? Willkommen in der schönen neuen Babel-Welt, in der Sie all die Dinge zur Hand haben, die modernes JavaScript bietet. Details finden Sie in Kapitel 5.

Anti-XSS

Sie fragen sich vielleicht, warum Sie beim Einsatz von HTML-Entitäten so einen Aufwand betreiben müssen. Nun, es gibt einen guten Grund dafür, der auch die Nachteile überwiegt: Sie müssen XSS bekämpfen.

React maskiert alle Strings, um eine ganze Gruppe von XSS-Angriffen zu verhindern. Bitten Sie den Anwender um eine Eingabe und liefert diese einen böswilligen String, schützt React Sie. Nehmen wir zum Beispiel diese Benutzereingabe:

```
var firstname =
    'John<scr'+ipt src="http://evil/co.js"></scr'+'ipt>';
```

Es kann sein, dass dieser String im DOM landet, zum Beispiel mit:

```
document.write(firstname);
```

Das ist eine Katastrophe, denn die Seite sagt »John«, aber das <script>-Tag lädt böswilliges JavaScript und gefährdet Ihre Anwendung und die Benutzer, die Ihnen vertrauen.

React schützt Sie selbst vor solchen Fällen. Nutzen Sie diesen Code:

```
React.render(
  <h2>
    Hallo {firstname}!
  </h2>
  document.getElementById('app')
);
```

dann maskiert React den Inhalt von firstname (Abbildung 4-8).

Hallo John<script src="http://evil/co.js"></script>!

Abbildung 4-8: Maskierte Strings

Spread-Attribute

JSX greift auf ein nützliches Feature aus ECMAScript6 zurück, das den Namen *Spread Operator* hat und beim Definieren von Eigenschaften sehr praktisch ist.

Stellen Sie sich vor, Sie haben eine Reihe von Attributen, die Sie an eine `<a>`-Komponente übergeben wollen:

```
var attr = {
  href: 'http://example.org',
  target: '_blank',
};
```

Sie können das natürlich so machen:

```
return (
  <a
    href={attr.href}
    target={attr.target}>
    Hallo
  </a>
);
```

Aber das sieht doch sehr nach reiner Fleißarbeit aus. Durch den Einsatz von Spread-Attributen erledigen Sie das Ganze in einer Zeile:

```
return <a {...attr}>Hallo</a>;
```

Ein Beispieleinsatz findet sich bei einem Objekt mit Attributen, das Sie im Voraus (eventuell bedingt) definieren wollen. Das ist an sich schon nützlich, aber wird es vor allem häufig eingesetzt, wenn dieses Objekt von außen kommt – oft von einer Eltern-Komponente. Schauen wir uns an, wie das eingesetzt werden kann.

Spread-Attribute vom Eltern-Element

Stellen Sie sich vor, Sie bauen eine Komponente `FancyLink`, die ein normales `<a>` einsetzt. Sie wollen, dass Ihre Komponente alle Attribute annehmen kann, die auch `<a>` kennt (`href`, `style`, `target` usw.), dazu aber noch mehr (zum Beispiel `size`). Sie sollen wie folgt eingesetzt werden können:

```
<FancyLink
  href="http://example.org"
  style={ {color: "red"} }
  target="_blank"
  size="medium">
  Hallo
</FancyLink>
```

Wie kann Ihre render()-Funktion jetzt einen Vorteil aus den Spread-Attributen ziehen und es vermeiden, alle Eigenschaften von <a> neu definieren zu müssen?

```
var FancyLink = React.createClass({
  render: function() {
    switch(this.props.size) {
      // etwas abhängig von `size` tun
    }

    return <a {...this.props}>{this.props.children}</a>;
  }
});
```

> Ist Ihnen der Einsatz von this.props.children aufgefallen? Das ist eine einfache, aber sehr praktische Methode, eine beliebige Zahl von Kind-Elementen an Ihre Komponente weitergeben und beim Erstellen Ihres UI einsetzen zu können.

Im vorigen Codeschnipsel tun Sie Dinge abhängig vom Wert der Eigenschaft size, und dann reichen Sie einfach alle Eigenschaften an <a> weiter. Dazu gehört auch size. React.DOM.a kennt size nicht und ignoriert es daher, während es all die anderen Eigenschaften verarbeitet.

Das geht auch ein bisschen besser, ohne dass unnötige Eigenschaften durch die Gegend geschoben werden:

```
var FancyLink = React.createClass({
  render: function() {

    switch(this.props.size) {
      // etwas abhängig von `size` tun
    }

    var attribs = Object.assign({}, this.props); // flache Kopie
    delete attribs.size;

    return <a {...attribs}>{this.props.children}</a>;
  }
});
```

> In der von ECMAScript7 vorgeschlagenen Syntax (die Ihnen dank Babel zur Verfügung steht!) wird dies auch ohne Klonen noch einfacher:
>
> ```
> var FancyLink = React.createClass({
>   render: function() {
>
>     var {size, ...attribs} = this.props;
>     switch (size) {
>       // etwas abhängig von `size` tun
>     }
>
>     return <a {...attribs}>{this.props.children}</a>;
>   }
> });
> ```

Mehrere Knoten in JSX zurückgeben

Ihre render()-Funktion muss immer einen einzelnen Knoten zurückgeben. Mehr als einer ist nicht erlaubt, daher führt dieser Code zu einem Fehler:

```
// Syntaxfehler:
// Aufeinanderfolgende JSX-Elemente müssen in einem gemeinsamen
// Tag verpackt werden

var Example = React.createClass({
  render: function() {
    return (
      <span>
        Hallo
      </span>
      <span>
        Welt
      </span>
    );
  }
});
```

Das lässt sich leicht lösen – verpacken Sie einfach alle Knoten in einer weiteren Komponente, zum Beispiel einem <div>:

```
var Example = React.createClass({
  render: function() {
    return (
      <div>
        <span>
          Hallo
        </span>
        <span>
          Welt
        </span>
      </div>
    );
  }
});
```

Sie können also kein Array mit Knoten aus render() zurückgeben, aber beim Zusammenstellen lassen sich Arrays durchaus einsetzen – solange die Knoten im Array korrekte key-Attribute besitzen:

```
var Example = React.createClass({
  render: function() {

    var greeting = [
      <span key="greet">Hallo</span>,
      ' ',
      <span key="world">Welt</span>,
      '!'
    ];

    return (
```

```
      <div>
        {greeting}
      </div>
    );
  }
});
```

So lassen sich auch Whitespace und weitere Strings ins Array schmuggeln, die keinen key benötigen.

Das Ganze entspricht mehr oder weniger einer beliebigen Zahl von Kind-Elementen, die vom Eltern-Element übergeben und an Ihre render()-Funktion weitergereicht wurden:

```
var Example = React.createClass({
  render: function() {
    console.log(this.props.children.length); // 4
    return (
      <div>
        {this.props.children}
      </div>
    );
  }
});

React.render(
  <Example>
    <span key="greet">Hallo</span>
    {' '}
    <span key="world">Welt</span>
    !
  </Example>,
  document.getElementById('app')
);
```

Unterschiede zwischen JSX und HTML

JSX sollte Ihnen sehr vertraut sein – es handelt sich um HTML, erweitert um eine einfache Möglichkeit, dynamische Werte, Schleifen und Bedingungen einzufügen (in geschweiften Klammern). Um mit JSX loszulegen, können Sie immer das HTML-to-JSX-Tool nutzen (*http://magic.reactjs.net/htmltojsx.htm*), aber je eher Sie damit beginnen, eigenes JSX zu schreiben, desto besser. Schauen wir uns die wenigen Unterschiede zwischen HTML und JSX an, die Sie zu Beginn Ihrer Arbeit vielleicht überraschen könnten.

Einige dieser Unterschiede wurden schon in Kapitel 1 beschrieben, aber wir wollen sie trotzdem hier mit aufführen.

Kein class und for

Statt der Attribute class und for (beides in ECMAScript reservierte Wörter) müssen Sie className und htmlFor verwenden:

```
// Böse!
var em = <em class="important" />;
var label = <label for="thatInput" />;

// okay
var em = <em className="important" />;
var label = <label htmlFor="thatInput" />;
```

style ist ein Objekt

Das style-Attribut übernimmt keinen durch Semikolon unterteilten String, sondern einen Objektwert. Und die Namen der CSS-Eigenschaften müssen in camelCase geschrieben werden und nicht durch Bindestriche unterteilt:

```
//Böse!
var em = <em style="font-size: 2em; line-height: 1.6" />;

// okay
var styles = {
  fontSize: '2em',
  lineHeight: '1.6'
};
var em = <em style={styles} />;

// Inline ist auch okay
// Beachten Sie die doppelten { {} } - einmal für den dynamischen
// Wert in JSX, einmal für das JS-Objekt
var em = <em style={ {fontSize: '2em', lineHeight: '1.6'} } />;
```

Schließende Tags

In HTML müssen manche Tags nicht geschlossen werden, in JSX (XML) hingegen schon:

```
// Böse!
// keine nicht geschlossenen Tags, auch wenn in HTML erlaubt
var gimmeabreak = <br>;
var list = <ul><li>item</ul>;
var meta = <meta charset="utf-8">;

// okay
var gimmeabreak = <br />;
var list = <ul><li>item</li></ul>;
var meta = <meta charSet="utf-8" />;

// oder
var meta = <meta charSet="utf-8"></meta>;
```

Attribute im camelCase

Ist Ihnen die Schreibweise charSet statt charset im vorigen Beispiel aufgefallen? Alle Attribute in JSX müssen in camelCase-Notation geschrieben sein. Das ist eine häufig auftretende Fehlerquelle, wenn Sie mit JSX beginnen – Sie schreiben vielleicht `onclick` und wundern sich, warum nichts passiert. Erst mit `onClick` geht es:

```
// Böse!
var a = <a onclick="reticulateSplines()" />;

// okay
var a = <a onClick={reticulateSplines} />;
```

Ausnahmen zu dieser Regel sind alle mit `data-` und `aria-` beginnenden Attribute – diese bleiben wie in HTML.

JSX und Formulare

Bei der Arbeit mit Formularen gilt es ebenfalls, ein paar Unterschiede zwischen JSX und HTML zu beachten.

onChange-Handler

Verwenden Sie Formularelemente, werden diese im Allgemeinen durch die Benutzerinteraktion verändert. In React können Sie auf solche Änderungen durch das `onChange`-Attribut reagieren. Das ist deutlich konsistenter als das Verwenden von `checked` für Radiobuttons und Checkboxen und `selected` in `<select>`-Optionen. Auch beim Tippen in Textareas und Feldern der Art `<input type="text">` feuert `onChange` beim Tippen – viel nützlicher als das Feuern, wenn das Element den Fokus verliert. Sie müssen sich so nicht mehr für alle möglichen Maus- und Tastatur-Events registrieren, um sämtliche Änderungen mitzubekommen.

value versus defaultValue

Haben Sie in HTML das Tag `<input id="i" value="Hallo" />` und ändern dann den Wert, indem Sie »Tschüss« eintippen, erhalten Sie:

```
i.value; // "Tschüss"
i.getAttribute('value'); // "Hallo"
```

In React enthält die Eigenschaft `value` immer den aktuellen Wert des Felds. Wollen Sie einen Standardwert vorgeben, können Sie `defaultValue` verwenden.

Im folgenden Codebeispiel haben Sie eine `<input>`-Komponente mit einem vorbefüllten Inhalt »Hallo« und einem `onChange`-Handler. Löschen Sie das letzte »o« in »Hallo«, führt das dazu, dass `value` zu »Hall« wird, während `defaultValue` den Wert »Hallo« beibehält:

```
function log(event) {
  console.log("value: ", event.target.value);
  console.log("defaultValue: ", event.target.defaultValue);
}
React.render(
```

```
  <input defaultValue="Hallo" onChange={log} />,
  document.getElementById('app')
);
```

Diesem Muster sollten Sie auch in Ihren eigenen Komponenten folgen: Akzeptieren Sie eine Eigenschaft, deren Name darauf hindeutet, dass sie aktuell ist (wie `value` oder `data`), dann halten Sie sie auch aktuell. Wenn nicht, geben Sie ihr besser einen Namen wie `initialData` (wie in Kapitel 3) oder `defaultValue`, um den Erwartungen gerecht zu werden.

Value in <textarea>

Um zu den Texteingabefeldern konsistent zu sein, nutzt die React-Version von `<textarea>` die Eigenschaften `value` und `defaultValue`. Der Inhalt von `value` wird immer aktuell gehalten, während `defaultValue` dem Anfangswert entspricht. Orientieren Sie sich an HTML und verwenden ein Kind der Textarea zum Definieren eines Werts (was nicht empfehlenswert ist), wird dieser so behandelt, als wäre er ein `defaultValue`.

Der einzige Grund, warum das HTML-`<textarea>` (wie durch das W3C definiert) ein Kind als Wert nutzen kann, ist der, dass Entwickler so Zeilenumbrüche einsetzen können. Aber React – ganz in der JavaScript-Welt – hat diese Einschränkung nicht. Brauchen Sie eine neue Zeile, verwenden Sie einfach `\n`.

Schauen Sie sich die folgenden Beispiele und deren Ergebnisse in Abbildung 4-9 an:

```
function log(event) {
  console.log(event.target.value);
  console.log(event.target.defaultValue);
}

React.render(
  <textarea defaultValue="Hallo\nWelt" onChange={log} />,
  document.getElementById('app1')
);
React.render(
  <textarea defaultValue={"Hallo\nWelt"} onChange={log} />,
  document.getElementById('app2')
);
React.render(
  <textarea onChange={log}>Hallo
Welt
  </textarea>,
  document.getElementById('app3')
);
React.render(
  <textarea onChange={log}>{"Hallo\n\
Welt"}
  </textarea>,
  document.getElementById('app4')
);
```

Abbildung 4-9: Zeilenumbrüche in Textareas

Beachten Sie die Unterschiede zwischen einem literalen String `"Hallo\nWelt"` als Eigenschaftswert und dem JavaScript-String `{"Hallo\nWelt"}`.

Beachten Sie zudem, wie ein mehrzeiliger String in JavaScript durch ein \ maskiert werden muss (im vierten Beispiel).

Und schließlich schauen Sie sich in der Abbildung an, wie React Sie vor dem Einsatz von Kind-Elementen in einer Textarea warnt.

Value in <select>

Nutzen Sie ein `<select>` in HTML, geben Sie die vorausgewählten Einträge über `<option selected>` aus, zum Beispiel:

```
<!-- Old-School HTML -->
<select>
  <option value="be">Sein</option>
  <option value="notbe" selected>oder Nichtsein</option>
</select>
```

In React legen Sie `value` oder besser noch `defaultValue` am `<select>`-Element fest:

```
// React/JSX
<select defaultValue="notbe">
  <option value="be">Sein</option>
  <option value="notbe">oder Nichtsein</option>
</select>
```

Das Gleiche gilt für Multiselects, nur dass Sie hier ein Array mit vorausgewählten Werten angeben:

```
<select defaultValue={["be", "qst"]} multiple={true}>
  <option value="be">Sein</option>
  <option value="notbe">oder Nichtsein</option>
  <option value="qst">das ist hier die Frage</option>
</select>
```

React warnt Sie, wenn Sie durcheinanderkommen und das selected-Attribut bei einem <option>-Element setzen.

Der Einsatz von <select value> statt <select defaultValue> ist auch möglich, aber nicht empfehlenswert, da Sie sich dann selbst darum kümmern müssen, den Wert zu aktualisieren, den der Benutzer sieht. Wählt er ansonsten eine andere Option aus, bleibt das <select> gleich. Mit anderen Worten: Sie brauchen etwas wie das Folgende:

```
var MySelect = React.createClass({
  getInitialState: function() {
    return {value: 'notbe'};
  },
  _onChange: function(event) {
    this.setState({value: event.target.value});
  },
  render: function() {
    return (
      <select value={this.state.value} onChange={this._onChange}>
        <option value="be">Sein</option>
        <option value="notbe">oder Nichtsein</option>
        <option value="qst">das ist hier die Frage</option>
      </select>
    );
  }
});
```

Die Excel-Komponente in JSX

Nutzen wir jetzt JSX, um alle render*()-Methoden in der letzten Version der Excel-Komponente aus dem vorigen Kapitel neu zu schreiben. Ich überlasse dies dem Leser zur Übung – Sie können Ihre Version immer mit dem Beispiel aus dem Code-Repository zum Buch vergleichen (*https://github.com/stoyan/reactbook/*).

KAPITEL 5

Die Umgebung für die Anwendungsentwicklung einrichten

Bei jeder ernsthaften Entwicklung und Auslieferung – außerhalb des Prototypings oder des Experimentierens mit JSX – müssen Sie einen Build-Prozess aufsetzen. Haben Sie schon einen bestehenden Prozess, brauchen Sie nur die Babel-Transformationen zu ergänzen. Lassen Sie uns hier aber annehmen, dass Sie noch keinerlei Build aufgesetzt haben und alles neu machen müssen.

Ziel ist, JSX und moderne JavaScript-Features einsetzen zu können, ohne darauf zu warten, dass die Browser sie implementieren. Sie brauchen eine Umwandlung, die während des Entwickelns im Hintergrund läuft. Der Transformationsprozess sollte Code erzeugen, der so nah wie möglich an dem Code ist, der von Ihren Anwendern auf der Live-Site ausgeführt wird (es darf also keine Umwandlungen mehr auf dem Client geben). Der Prozess sollte zudem so unaufdringlich wie möglich sein, sodass Sie nicht zwischen Entwicklungs- und Build-Kontext wechseln müssen.

Die JavaScript-Community und das zugehörige Ökosystem bieten eine Reihe von Optionen beim Umsetzen von Entwicklungs- und Build-Prozessen. Bleiben wir bei einer möglichst schlanken und einfachen Lösung ohne Rückgriff auf solche Tools und folgen wir einem Do-it-yourself-Ansatz, damit Sie:

- verstehen, was passiert,
- später bei der Auswahl der Build-Tools genug Hintergrundwissen besitzen und
- sich auf React konzentrieren können, ohne allzu sehr abgelenkt zu werden.

Eine Anwendungsvorlage

Beginnen wir mit einer allgemeinen »Vorlage« für eine neue App. Es handelt sich um eine clientseitige Anwendung im *Single-Page Application*-(SPA-)Stil. Die App verwendet JSX und viele der Innovationen, die JavaScript zu bieten hat: ES5, ES6 (aka ES2015) und Vorschläge aus ES7.

Dateien und Ordner

Sie brauchen – so wird es empfohlen – die Ordner */css*, */js* und */images* sowie eine Datei *index.html*, die alles verbindet. Teilen wir zudem */js* in */js/source* (Skripte mit JSX-Syntax) und */js/build* (für Skripte auf Browserseite) auf. Außerdem gibt es einen Ordner */scripts*, der Befehlszeilenskripte für den Build-Prozess enthält.

Die Verzeichnisstruktur für Ihre Template-Anwendung kann so wie in Abbildung 5-1 aussehen.

Abbildung 5-1: Anwendungsvorlage

Teilen wir die Verzeichnisse */css* und */js* noch weiter auf, um Folgendes einzubinden (Abbildung 5-2):

- allgemeine anwendungsweite Dateien
- Dateien, die mit bestimmten Komponenten verbunden sind

So können Sie die Komponenten besser als unabhängige Einheiten betrachten, die genau einem Zweck dienen und gut wiederverwendbar sind. Denn schließlich wollen Sie ja Ihre große Anwendung mithilfe vieler kleiner Komponenten bauen, die jeweils eine Aufgabe erfüllen. Teile und herrsche.

Abbildung 5-2: Getrennte Komponenten

Lassen Sie uns schließlich noch eine einfache Beispielkomponente namens `<Logo>` bauen (Anwendungen haben im Allgemeinen ein Logo). Übliche Konvention ist, dass Komponenten einen großen Anfangsbuchstaben besitzen – daher der Name »Logo« statt »logo«. Um alle mit den Komponenten verbundenen Dateien konsistent zu halten, wollen wir */js/source/components/Component.js* für die Implementierung der Komponente und */css/components/Component.css* für die zugehörigen Style-Daten nutzen. In Abbildung 5-2 sehen Sie die vollständige Verzeichnisstruktur mit der einfachen `<Logo>`-Komponente.

index.html

Die Verzeichnisstruktur ist eingerichtet – jetzt wollen wir mit einer »Hallo Welt«-Seite prüfen, ob alles funktioniert. Die Datei *index.html* sollte Folgendes enthalten:

- Den gesamten CSS-Code in einer einzelnen Datei *bundle.css*.
- Das gesamte JavaScript in einer einzelnen Datei *bundle.js* (darin findet sich dann der Code für Ihre App, aber auch der der Komponenten und deren Abhängigkeiten, einschließlich React).
- Wie immer ein `<div id="app">`, in dem sich Ihre App ausbreiten kann.

```
<!DOCTYPE html>
<html>
  <head>
    <title>App</title>
    <meta charset="utf-8">
    <link rel="stylesheet" type="text/css" href="bundle.css">
  </head>
  <body>
    <div id="app"></div>
    <script src="bundle.js"></script>
  </body>
</html>
```

> Der Einsatz von jeweils nur einer CSS- und JS-Datei ist für eine ganze Reihe von Anwendungen erstaunlich effektiv. Wächst Ihre Anwendung mit der Zeit jedoch zu einer Größe von Facebook oder Twitter heran, können diese Skripte für ein initiales Laden zu groß werden, und der Anwender benötigt sowieso nicht von Anfang an die vollständige Funktionalität. Dann werden Sie einen Skript-/Styles-Loader einrichten, der weiteren Code auf Anforderung nachlädt (diese Übung überlasse ich Ihnen – es stehen auch hier haufenweise Open-Source-Lösungen zur Verfügung). In diesem Szenario sind die einzelnen CSS- und JS-Dateien dann nur so etwas wie *Bootstrapping-Dateien* – so klein wie möglich, dafür aber schnell für den Anwender verfügbar. Das Single File Pattern hat also auch bei wachsender Anwendungsgröße seine Bedeutung.

Sie werden gleich sehen, wie Sie *bundle.js* und *bundle.css* erzeugen können. Schauen wir uns zunächst an, welcher CSS- und JS-Code wo stehen wird.

CSS

In der globalen */css/app.css* sollten sich Styles für die gesamte Anwendung finden, zum Beispiel:

```
html {
  background: white;
  font: 16px Arial;
}
```

Neben den anwendungsweiten Styles benötigen Sie noch solche für jede Komponente. Orientieren Sie sich an der Konvention, nur eine CSS-Datei (und eine JS-Datei) pro React-Komponente zu verwenden und diese in */css/components* beziehungsweise */js/source/components* abzulegen, implementieren Sie */css/components/Logo.css* wie folgt:

```
.Logo {
  background-image: url('../../images/react-logo.svg');
  background-size: cover;
  display: inline-block;
  height: 50px;
  vertical-align: middle;
  width: 50px;
}
```

Eine weitere einfache Konvention, die sich als sehr nützlich erweisen kann, ist: Schreiben Sie CSS-Klassennamen für Komponenten ebenfalls mit einem großen Anfangsbuchstaben und nutzen Sie für das Wurzelelement der Komponente einen Klassennamen, der dem der Komponente entspricht, hier also `className="Logo"`.

JavaScript

Der Einstiegspunkt für den JavaScript-Code der Anwendung findet sich in */js/source/app.js*, also legen wir dort mit einer sehr einfachen Version los:

```
React.render(
  <h1>
    <Logo /> Willkommen zur App!
  </h1>,
  document.getElementById('app')
);
```

Schließlich implementieren wir die Beispiel-React-Komponente `<Logo>` in */js/source/components/Logo.js*:

```
var Logo = React.createClass({
  render: function() {
    return <div className="Logo" />;
  }
});
```

JavaScript: modernisiert

Die Beispiele in diesem Buch haben bisher nur mit einfachen Komponenten gearbeitet und dabei auf `React` und `ReactDOM` als globale Variablen zugegriffen. Wenn Sie sich komplexeren Apps mit mehreren Komponenten zuwenden, brauchen Sie eine bessere Organisation. Der üppige Einsatz globaler Objekte ist gefährlich (sie tendieren dazu, Namenskollisionen auszulösen), und das Verlassen auf das Vorhandensein globaler Daten ist ebenfalls gefährlich (was, wenn Sie zu einem anderen JS-Paketierungssystem wechseln, bei dem sich nicht alles in einer einzelnen Datei *bundle.js* befindet?).

Sie brauchen *Module*.

Module

Die JavaScript-Community hat eine ganze Reihe von Ideen für JavaScript-Module hervorgebracht – eine häufig genutzte ist *CommonJS*. In CommonJS haben Sie Code in einer Datei, der – einmal durchlaufen – eines oder mehrere Symbole exportiert (meist ein Objekt, es kann sich aber auch um eine Funktion oder sogar nur um eine einzelne Variable handeln):

```
var Logo = React.createClass({/* ... */});

module.exports = Logo;
```

Eine hilfreiche Konvention ist, ein Modul nur ein Element exportieren zu lassen (zum Beispiel eine React-Komponente).

Nun braucht dieses Modul aber `React`, um `React.createClass()` auszuführen. Es gibt keine globalen Symbole mehr, daher steht `React` auf diesem Weg nicht mehr zur Verfügung. Sie müssen es einbinden (oder »erfordern«), zum Beispiel so:

```
var React = require('react');

var Logo = React.createClass({/* ... */});

module.exports = Logo;
```

Nehmen wir diesen Code als Vorlage für jede Komponente: Die Voraussetzungen werden als Erstes deklariert, dann wird implementiert und am Schluss exportiert.

ECMAScript-Module

In den ECMAScript-Spezifikationen gibt es einen Vorschlag, die Idee der Module noch weiter zu treiben und eine neue Syntax einzuführen (im Gegensatz zu `require()` und `module.exports`). Sie können von dieser neuen Syntax schon profitieren, weil Babel durch das Transpilieren dafür sorgt, dass die normalen Browser damit umgehen können.

Beim Deklarieren von Abhängigkeiten zu anderen Modulen schreiben Sie nicht:

```
var React = require('react');
```

sondern:

```
import React from 'react';
```

Und beim Exportieren aus Ihrem Modul nutzen Sie nicht:

```
module.exports = Logo;
```

sondern:

```
export default Logo
```

> Das fehlende Semikolon am Ende von `export` ist kein Fehler in diesem Buch, sondern ein Feature von ECMAScript.

Klassen

ECMAScript besitzt nun Klassen, also wollen wir auch diese Syntax einsetzen:

Vorher:

```
var Logo = React.createClass({/* ... */});
```

Nachher:

```
class Logo extends React.Component {/* ... */}
```

Wo Sie zuvor React-»Klassen« mit einem Objekt deklariert haben, sind einige Dinge mit echten Klassen nun ein wenig anders:

- Es gibt keine reinen Eigenschaften mehr im Objekt, nur noch Funktionen (Methoden). Benötigen Sie eine Eigenschaft, weisen Sie diese innerhalb des Konstruktors `this` zu (mehr Beispiele und Varianten folgen noch).
- Die Methodensyntax ist `render() {}`, das Schlüsselwort `function` ist nicht mehr notwendig.
- Die Methoden sind nicht mehr länger durch `,` getrennt (wie in `var obj = {a: 1, b: 2};`).

  ```
  class Logo extends React.Component {
    someMethod() {
    } // keine Kommata

    another() { // kein `function`

    }

    render() {
      return <div className="Logo" />;
    }
  }
  ```

Alles zusammen

Wir werden in diesem Buch noch weitere Features von ECMAScript kennenlernen, aber für ein Template ist das Bisherige schon ausreichend. So können wir schnell mit einer neuen Anwendung starten, ohne allzu viele unnütze Dinge mitzuschleppen.

Sie haben jetzt die Datei *index.html*, das anwendungsweite CSS (*app.css*), eine CSS-Datei pro Komponente (*/css/components/Logo.css*) und schließlich den JavaScript-Einstiegspunkt der Anwendung (*app.js*) sowie jede React-Komponente in einem eigenen Modul implementiert (zum Beispiel */js/source/components/Logo.js*).

Dies ist die abschließende Version von *app.js*:

```
'use strict'; // immer eine gute Idee

import React from 'react';
import ReactDOM from 'react-dom';
import Logo from './components/Logo';

ReactDOM.render(
  <h1>
    <Logo /> Willkommen zur App!
  </h1>,
  document.getElementById('app')
);
```

und *Logo.js*:

```
import React from 'react';

class Logo extends React.Component {
  render() {
    return <div className="Logo" />;
  }
}

export default Logo
```

Ist Ihnen der Unterschied zwischen dem Importieren von React und dem der Logo-Komponente aufgefallen? Zwischen `from 'react'` und `from './components/Logo'`? Zweiteres sieht wie ein Verzeichnispfad aus, was es auch ist – Sie weisen das Modul an, die Abhängigkeit aus einer Datei zu laden, die relativ zum Modul abgelegt ist, während bei Ersterem eine Abhängigkeit aus einem gemeinsam genutzten Ort geladen wird, die über NPM installiert wurde. Schauen wir uns an, wie wir das zum Laufen bringen können und wie die ganze neue Syntax und die Module wie durch Magie in einem Browser laufen (selbst in älteren IEs!).

> Sie finden diese Vorlagen im zum Buch gehörenden Code-Repository (*https://github.com/stoyan/reactbook/*). Nutzen Sie sie, um Ihre Apps schneller zum Laufen zu bringen.

Voraussetzungen einrichten

Bevor Sie die *index.html* laden und sich daran erfreuen können, müssen einige Dinge erledigt werden:

- Erstellen Sie die Datei *bundle.css*. Dabei handelt es sich um ein einfaches Aneinanderhängen, es sind keine weiteren Voraussetzungen zu erfüllen.
- Sorgen Sie dafür, dass der Code auch vom Browser verstanden wird. Dazu muss Babel ihn transpilieren.
- Erstellen Sie die Datei *bundle.js*. Dazu wollen wir *Browserify* verwenden.

Browserify brauchen Sie nicht nur zum Aneinanderhängen der Skripte, sondern auch noch für weitere Aufgaben:

- Es müssen alle Abhängigkeiten aufgelöst und eingebunden werden. Sie geben einfach den Pfad auf *app.js* an, und die Abhängigkeiten (React, *Logo.js* usw.) werden ermittelt.
- Es muss eine Implementierung von CommonJS eingebunden werden, damit die Aufrufe von `require()` funktionieren. Babel verwandelt alle `import`-Anweisungen in solche Aufrufe.

Kurz gesagt: Sie müssen Babel und Browserify installieren. Das geschieht über NPM (*den Node Package Manager*), der von Node.js mitgebracht wird.

Node.js

Um *Node.js* zu installieren, rufen Sie *http://nodejs.org* auf und laden sich den Installer für Ihr Betriebssystem. Folgen Sie dessen Anweisungen, ist diese Aufgabe schnell abgeschlossen. Nun können Sie sich an die Installation der durch NPM angebotenen Services machen.

Prüfen Sie zunächst in Ihrem Terminal, ob alles korrekt installiert ist:

```
$ npm --version
```

Haben Sie noch keine Erfahrung mit einem Terminal (der Befehlszeile), ist jetzt der richtige Moment, in das Thema einzusteigen. Auf dem Mac OS X klicken Sie die Spotlight-Suche an (das Lupensymbol oben rechts in der Ecke) und geben **`Terminal`** ein. Unter Windows rufen Sie das Startmenü auf, wählen *Ausführen* und geben **`powershell`** ein.

> In diesem Buch finden Sie vor allen Befehlen, die Sie in Ihrem Terminal eingeben, ein `$` als Hinweis darauf, dass es sich nicht um »normalen« Code handelt. Bei der Eingabe lassen Sie dieses Dollarzeichen weg.

Browserify

Sie installieren Browserify über den NPM durch die Eingabe des folgenden Befehls in Ihrem Terminal:

```
$ npm install --global browserify
```

Um zu prüfen, ob das funktioniert hat, geben Sie nun ein:

```
$ browserify --version
```

Babel

Um die Befehlszeilenversion (*Command-line Interface*, CLI) von Babel zu installieren, geben Sie in Ihr Terminal ein:

```
$ npm install --global babel-cli
```

So prüfen Sie, ob die Installation erfolgreich war:

```
$ babel --version
```

Sie erkennen das Muster?

> Im Allgemeinen ist es besser, Node-Pakete lokal zu installieren – also ohne das bei den Beispielen genutzte Flag `--global`. (Sehen wir hier noch ein Muster: global === schlecht?) Wenn Sie lokal installieren, haben Sie verschiedene Versionen der gleichen Pakete, die von den Anwendungen benötigt werden, an denen Sie arbeiten oder bei denen es sich um Abhängigkeiten handelt. Aber bei Browserify und Babel erhalten Sie über eine globale Installation auch globalen Zugriff (aus jedem Verzeichnis) auf die Befehlszeilenversion.

React usw.

Sie brauchen noch ein paar weitere Pakete, dann sind Sie mit der Installation fertig:

- `react` (natürlich)
- `react-dom`, das getrennt angeboten wird
- `babel-preset-react`, durch das Babel die Unterstützung für JSX und andere React-Goodies erhält
- `babel-preset-es2015`, mit dem Sie Unterstützung für die allerneuesten JavaScript-Features erhalten

Als Erstes wechseln Sie in Ihr App-Verzeichnis (zum Beispiel durch `cd ~/reactbook/reactbook-bolier`), sodass Sie diese Pakete lokal installieren können:

```
$ npm install --save-dev react
$ npm install --save-dev react-dom
$ npm install --save-dev babel-preset-react
$ npm install --save-dev babel-preset-es2015
```

Ihre Anwendung besitzt nun ein Verzeichnis *node_modules* mit den lokalen Paketen und ihren Abhängigkeiten. Die beiden globalen Module (Babel und Browserify) befinden sich in einem *node_modules*, das abhängig von Ihrem Betriebssystem an einem anderen Ort liegt (zum Beispiel */usr/local/lib/node_modules* oder *C:\Users\{IhrName}\AppData\Roaming\npm*).

Auf zum Bauen

Der Build-Prozess soll drei Dinge erledigen: Das CSS ist aneinanderzukopieren, und JS muss transpiliert sowie verpackt werden. Dazu sind zum Glück auch nur drei Befehlsaufrufe notwendig.

JavaScript transpilieren

Als Erstes transpilieren wir das JavaScript mit Babel:

```
$ babel --presets react,es2015 js/source -d js/build
```

Damit werden alle Dateien aus *js/source* genommen, mit den Einstellungen für React und ES2015 transpiliert, und die Ergebnisse werden nach *js/build* kopiert. Sie werden dabei eine Ausgabe wie die folgende sehen:

```
js/source/app.js -> js/build/app.js
js/source/components/Logo.js -> js/build/components/Logo.js
```

Mit jeder neuen Komponente wird diese Liste länger werden.

JavaScript verpacken

Als Nächstes kommt das Verpacken:

```
$ browserify js/build/app.js -o bundle.js
```

Sie weisen Browserify an, mit *app.js* zu beginnen, allen dortigen Abhängigkeiten zu folgen und das Ergebnis nach *bundle.js* zu schreiben – der Datei, die Sie in Ihrer *index.html* einbinden. Um zu prüfen, ob die Datei tatsächlich geschrieben wurde, nutzen Sie:

```
less bundle.js
```

CSS verpacken

Das Verpacken des CSS ist (in dieser Situation) so einfach, dass Sie nicht einmal ein spezielles Tool benötigen – Sie müssen nur alle CSS-Dateien in einer zusammenfügen (mithilfe von cat). Aber da wir auch noch den Ablageort der Datei ändern, werden die Verweise auf Bilder nicht mehr funktionieren, also schreiben wir sie mit einem einfachen sed-Aufruf um:

```
cat css/*/* css/*.css | sed 's/..\/..\/images/images/g' > bundle.css
```

Es gibt NPM-Pakete, die diese Aufgabe viel besser erledigen, aber an dieser Stelle reicht auch die obige Befehlskombination.

Ergebnisse!

Jetzt sind Sie fertig und können die Ergebnisse Ihrer harten Arbeit bewundern. Laden Sie die *index.html* in Ihrem Browser und bewundern Sie die Willkommensseite (Abbildung 5-3).

Abbildung 5-3: Willkommen zur App

Windows-Version

Die in den letzten Abschnitten genutzten Befehle lassen sich unter Linux oder Mac OS X verwenden. Unter Windows sehen sie teilweise etwas anders aus. Die ersten beiden bleiben gleich, abgesehen vom Verzeichnistrennzeichen:

```
$ babel --presets react,es2015 js\source -d js\build
$ browserify js\build\app.js -o bundle.js
```

Es gibt unter Windows kein `cat`, aber Sie können die Dateien anders verbinden:

```
$ type css\components\* css\* > bundle.css
```

Und um Strings in einer Datei zu ersetzen (damit das CSS die Bilder in *images* sucht und nicht in *../../images*), müssen Sie ein etwas komplexeres Feature der Powershell einsetzen:

```
$ (Get-Content bundle.css).replace('../../images', 'images') | Set-Content bundle.css
```

Während der Entwicklung bauen

Es ist natürlich nervig, den Build-Prozess jedes Mal starten zu müssen, wenn Sie eine Datei verändert haben. Zum Glück können Sie die Änderungen an einem Verzeichnis von einem Skript überwachen und das Build-Skript dann automatisch starten lassen.

Als Erstes stecken wir die drei Befehle für den Build in eine Datei namens *scripts/build.sh*:

```
# JS-Transformation
babel --presets react,es2015 js/source -d js/build
# JS verpacken
browserify js/build/app.js -o bundle.js
# CSS verpacken
cat css/*/* css/*.css | sed 's/..\/..\/images/images/g' > bundle.css
# fertig
date; echo;
```

Als Nächstes installieren wir das NPM-Paket `watch`:

```
$ npm install --save-dev watch
```

Durch das Ausführen von `watch` werden die Verzeichnisse *js/source* und */css* überwacht. Tritt eine Veränderung ein, wird das Shellskript *scripts/build.sh* ausgeführt:

```
$ watch "sh scripts/build.sh" js/source css

> Watching js/source/
> Watching css/
js/source/app.js -> js/build/app.js
js/source/components/Logo.js -> js/build/components/Logo.js
Sat Jan 23 19:41:38 PST 2016
```

Natürlich können Sie diesen Befehl selbst in einem Skript *scripts/watch.sh* unterbringen, sodass Sie nur eine Anweisung geben müssen, wenn Sie wieder an Ihrer App arbeiten:

```
$ sh scripts/watch.sh
```

Sie können jetzt Änderungen an den Quelldateien vornehmen, dann die Seite im Browser aktualisieren und sich das Ergebnis des neuen Builds anschauen.

Deployment

Das Bereitstellen Ihrer Anwendung ist nun kein großes Problem mehr, denn Sie lassen immer schon parallel zur Entwicklung bauen, sodass es keine großen Überraschungen mehr geben sollte. Bevor Ihre Anwendung auf echte Benutzer losgelassen wird, müssen Sie allerdings eventuell noch weitere Schritte durchführen, wie ein Minifizieren und das Optimieren von Bildern.

Verwenden wir den beliebten JS-Minifier `uglify` und den CSS-Minifier `cssshrink` als Beispiele. Sie können auch noch den HTML-Code minifizieren, Bilder verbessern, Dateien auf ein *Content Delivery Network* (CDN) kopieren und vieles weitere.

scripts/deploy.sh könnte wie folgt aussehen:

```
# letzte Version löschen
rm -rf __deployme
mkdir __deployme
```

```
# Build
sh scripts/build.sh

# JS minifizieren
uglify -s bundle.js -o __deployme/bundle.js
# CSS minifizieren
cssshrink bundle.css > __deployme/bundle.css
# HTML und Bilder kopieren
cp index.html __deployme/index.html
cp -r images/ __deployme/images/

# fertig
date; echo;
```

Nach dem Ausführen des Skripts haben Sie ein neues Verzeichnis *__deployme* mit folgendem Inhalt:

- *index.html*
- *bundle.css* (minifiziert)
- *bundle.js* (ebenfalls minifiziert)
- *images/* (Ordner)

Sie müssen dieses Verzeichnis nur noch auf einen Ihnen zur Verfügung stehenden Server kopieren, um Ihren Benutzern die Anwendung bereitzustellen.

Nächste Schritte

Jetzt haben Sie ein Beispiel für eine einfache Build- und Deployment-Pipeline, die automatisch beim Entwickeln aktualisiert wird (abgesehen vom Deployment). Sie können sie an Ihre Bedürfnisse anpassen oder versuchen, ein spezialisiertes Build-Tool einzusetzen (zum Beispiel Grunt oder Gulp), das Ihre Anforderungen eher abdeckt.

Mit all dem Bauen und Transpilieren im Rücken wollen wir uns jetzt wieder interessanteren Themen zuwenden: Wir bauen und testen eine echte Anwendung, bei der wir uns die Vorteile der vielen modernen JavaScript-Feature zunutze machen.

KAPITEL 6

Eine Anwendung bauen

Jetzt haben Sie alle Voraussetzungen zum Erstellen eigener React-Komponenten (und zum Verwenden der mitgelieferten) erfüllt, nutzen JSX zum Definieren der Benutzeroberfläche (oder lassen es weg) und können die Ergebnisse bauen und deployen. Zeit, eine umfangreichere Anwendung zu bauen.

Die App heißt »Whinepad«, und sie ermöglicht es den Anwendern, Notizen und Bewertungen zu allen Weinen zu erfassen, die sie probieren. Es muss dabei eigentlich gar nicht um Weine gehen – das Thema kann ein beliebiges sein, über das sie »weinen« wollen. Die App sollte all das ermöglichen, was eine CRUD-Anwendung (*Create*, *Read*, *Update*, *Delete*) kann. Zudem soll es sich um eine App auf Clientseite handeln, die die Daten auf dem Client speichert. Das Ziel ist hier, React zu erlernen, daher werden die nicht mit React in Verbindung stehenden Teile (zum Beispiel das Speichern und die Präsentation) auf ein Minimum beschränkt.

In diesem Prozess werden Sie lernen,

- wie Sie die App aus kleinen, wiederverwendbaren Komponenten aufbauen und
- wie Sie zwischen den Komponenten kommunizieren und sie zusammenarbeiten lassen.

Whinepad v.0.0.1

Aus dem vorigen Kapitel steht Ihnen eine Vorlage zur Verfügung, auf der Whinepad aufbauen kann. Es handelt sich um eine Bewertungsanwendung, die auch Notizen zu neuen Dingen erfassen kann. Wie wäre es, wenn der Startbildschirm die Liste mit den bereits vorgenommenen Bewertungen in einer hübschen Tabelle zeigt? Da könnten wir einfach die `<Excel>`-Komponente aus Kapitel 3 nutzen.

Einrichten

Zuerst kopieren Sie die Template-App `reactbook-boiler` an eine Ihnen genehme Stelle (holen Sie sich die Kopie von *https://github.com/stoyan/reactbook*) und benennen sie in `whinepad v0.0.1` um. Dann starten Sie das Watch-Skript, sodass, wenn Sie etwas ändern, alles gebaut wird:

```
$ cd ~/reactbook/whinepad\ v0.0.1/
$ sh scripts/watch.sh
```

Erster Code

Passen Sie den Titel von *index.html* an und setzen Sie `<div id="pad">`, damit beides zur neuen App passt:

```
<!DOCTYPE html>
<html>
  <head>
    <title>Whinepad v.0.0.1</title>
    <meta charset="utf-8">
    <link rel="stylesheet" type="text/css" href="bundle.css">
  </head>
  <body>
    <div id="pad"></div>
    <script src="bundle.js"></script>
  </body>
</html>
```

Nehmen Sie nun die JSX-Version von `Excel` (so wie sie am Ende von Kapitel 4 zu finden ist) und kopieren Sie sie nach *js/source/components/Excel.js*:

```
import React from 'react';

var Excel = React.createClass({

  // Implementierung ...

  render: function() {
    return (
      <div className="Excel">
        {this._renderToolbar()}
        {this._renderTable()}
      </div>
    );
  },

  // weitere Implementierung ...
});

export default Excel
```

Es gibt hier ein paar Unterschiede zur vorher genutzten Version von `Excel`:

- `import`/`export`-Anweisungen.
- Das Wurzelelement der Komponente besitzt nun ein `className="Excel"`, um mit den vorgestellten Konventionen übereinzustimmen.

Dementsprechend ist auch der CSS-Code ausgezeichnet, zum Beispiel:

```
.Excel table {
  border: 1px solid black;
  margin: 20px;
}

.Excel th {
  /* und so weiter */
}

/* und so weiter */
```

Jetzt müssen wir nur noch `<Excel>` einbinden, indem wir die Haupt-JavaScript-Datei *app.js* anpassen. Wie schon erwähnt, wollen wir die Daten auf Clientseite speichern (`localStorage`), um es auch nicht allzu kompliziert zu machen. Zunächst legen wir ein paar Standardwerte fest.

```
var headers = localStorage.getItem('headers');
var data = localStorage.getItem('data');

if (!headers) {
  headers = ['Titel', 'Jahr', 'Bewertung', 'Kommentare'];
  data = [['Test', '2015', '3', 'naja']];
}
```

Jetzt übergeben wir die Daten an `<Excel>`:

```
ReactDOM.render(
  <div>
    <h1>
      <Logo /> Willkommen bei Whinepad!
    </h1>
    <Excel headers={headers} initialData={data} />
  </div>,
  document.getElementById('pad')
);
```

Und mit ein paar Anpassungen an *Logo.css* ist unsere Version 0.0.1 fertig (Abbildung 6-1)!

Abbildung 6-1: Whinepad v0.0.1

Die Komponenten

Durch das Wiederverwenden der bestehenden <Excel>-Komponente können wir sehr schnell starten, aber diese Komponente macht eigentlich zu viel. Es ist besser, sie in kleinere, leichter wiederverwendbare Komponenten zu unterteilen. So sollten die Buttons zum Beispiel eigene Komponenten sein, damit sie sich auch außerhalb des Kontexts der `Excel`-Tabelle einsetzen lassen.

Zudem benötigt die App ein paar weitere spezialisierte Komponenten wie ein Bewertungs-Widget, das Sternchen statt einer Zahl anzeigt.

Richten wir die neue App und ein Hilfstool ein – einen Komponentenentdecker. Dieser hat zwei Vorteile:

- Sie können Komponenten isoliert entwickeln und testen. Häufig führt der Einsatz einer Komponente in einer Anwendung dazu, dass Sie die Komponente zu sehr mit der App »verheiraten« und deren Wiederverwendbarkeit schlecht ist. Arbeiten Sie mit der Komponente allein, sind Sie dazu gezwungen, bessere Entscheidungen für das Entkoppeln zu treffen.
- Andere Teammitglieder können bestehende Komponenten finden und wiederverwenden. Wächst Ihre App, wächst auch Ihr Team. Um das Risiko zu verringern, dass zwei Personen an einer nahezu identischen Komponente arbeiten, und um das Wiederverwenden der Komponenten zu befördern (was zu einer schnelleren App-Entwicklung führt), ist es sinnvoll, alle Komponenten an einem Ort zu haben – zusammen mit Beispielen dazu, wie man sie einsetzen kann.

Setup

Mit Strg+C beenden Sie das alte Watch-Skript, sodass Sie ein neues starten können. Kopieren Sie das initiale *Minimum Viable Product* (MVP) *whinepad v0.0.1* in einen neuen Ordner namens *whinepad*:

```
$ cp -r ~/reactbook/whinepad\ v0.0.1/ ~/reactbook/whinepad
$ cd ~/reactbook/whinepad
$ sh scripts/watch.sh

> Watching js/source/
> Watching css/
js/source/app.js -> js/build/app.js
js/source/components/Excel.js -> js/build/components/Excel.js
js/source/components/Logo.js -> js/build/components/Logo.js
Sun Jan 24 11:10:17 PST 2016
```

Entdecken

Nennen wir unser Komponentenentdeckungstool *discovery.html* und legen wir es im obersten Verzeichnis an:

```
$ cp index.html discovery.html
```

Es muss gar nicht die ganze Anwendung geladen werden, daher werden wir statt *app.js* eine Datei *discover.js* verwenden, die alle Komponentenbeispiele enthält. Somit brauchen Sie auch nicht die *bundle.js* der App laden, sondern ein eigens geschaffenes Bundle, das Sie *discover-bundle.js* nennen:

```
<!DOCTYPE html>
<html>
  <!-- wie in index.html -->
  <body>
    <div id="pad"></div>
    <script src="discover-bundle.js"></script>
  </body>
</html>
```

Das Bauen des neuen Bundles während der Entwicklung ist ebenfalls trivial – fügen Sie dem Skript *build.sh* einfach eine weitere Zeile hinzu:

```
# js package
browserify js/build/app.js -o bundle.js
browserify js/build/discover.js -o discover-bundle.js
```

Schließlich tragen Sie das Beispiel für `<Logo>` in das Entdeckungstool ein (*js/build/discover.js*):

```
'use strict';

import Logo from './components/Logo';
import React from 'react';
import ReactDOM from 'react-dom';

ReactDOM.render(
  <div style={ {padding: '20px'} }>
    <h1>Komponenten entdecken</h1>

    <h2>Logo</h2>
    <div style={{display: 'inline-block', background: 'purple'}}>
      <Logo />
    </div>

    {/* weitere Komponenten ... */}

  </div>,
  document.getElementById('pad')
);
```

In Ihrem neuen Komponentenentdeckungstool (Abbildung 6-2) können Sie nun mit Ihren neuen Komponenten experimentieren, während diese entstehen. Also bauen wir sie – eine nach der anderen.

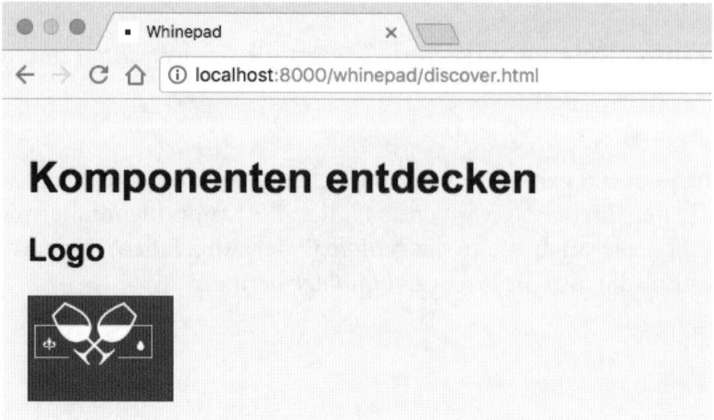

Abbildung 6-2: Komponentenentdeckungstool für das Whinepad

<Button>-Komponente

Ich lehne mich nicht allzu weit aus dem Fenster, wenn ich behaupte, dass jede App einen Button braucht. Häufig handelt es sich um einen nett gestalteten, klassischen `<button>`, aber manchmal muss es ein `<a>` sein, wie in Kapitel 3 der Download-Button. Wie wäre es, einen neuen, schicken `<Button>` zu bauen, der eine optionale Eigenschaft `href` besitzt? Wird diese mitgegeben, rendert die Komponente als Grundlage ein `<a>`.

Im Geiste des *Test-Driven Development* (TDD) können Sie damit starten, einen Beispieleinsatz der Komponente im Tool *discovery.js* zu definieren.

Vorher:

```
import Logo from './components/Logo';

{/* ... */}

{/* weitere Komponenten ... */}
```

Nachher:

```
import Button from './components/Button';
import Logo from './components/Logo';

{/* ... */}

<h2>Buttons</h2>

<div>Button mit onClick: <Button
  onClick={() => alert('Aua')}>Klick mich</Button></div>
```

```
<div>Ein Link:
  <Button href="http://reactjs.com">Folge mir</Button></div> <div>Eigener Klassenname:
  <Button className="custom">Ich mache nichts</Button></div>

{/* weitere Komponenten ... */}
```

(Eigentlich sollten wir es DDD nennen – Discovery-Driven Development ...)

> Ist Ihnen das Muster `() => alert('Aua')` aufgefallen? Dies ist ein Beispiel für eine *Pfeilfunktion* in ES2015.
>
> Andere Anwendungsfälle:
>
> - `() => {}` ist eine leere Funktion, so wie `function() {}`.
> - `(what, not) => console.log(what, not)` ist eine Funktion mit Parametern.
> - `(a, b) => { var c = a + b; return c; }` – haben Sie mehr als eine Zeile im Funktionsrumpf, benötigen Sie die geschweiften Klammern.
> - `let fn = arg => {}` – übernehmen Sie nur ein Argument, sind die runden Klammern optional.

Button.css

Die Styles der Komponente `<Button>` sollten nach den üblichen Konventionen in */css/components/Button.css* landen. Diese Datei hat nichts Besonderes, sie enthält einfach CSS-Code, der den Button hoffentlich schöner macht. Ich führe den Code hier auf, und wir einigen uns darauf, auf das CSS für die folgenden Komponenten nicht weiter einzugehen – okay?

```
.Button {
  background-color: #6f001b;
  border-radius: 28px;
  border: 0;
  box-shadow: 0px 1px 1px #d9d9d9;
  color: #fff;
  cursor: pointer;
  display: inline-block;
  font-size: 18px;
  font-weight: bold;
  padding: 5px 15px;
  text-decoration: none;
  transition-duration: 0.1s;
  transition-property: transform;
}

.Button:hover {
  transform: scale(1.1);
}
```

Button.js

So sieht */js/source/components/Button.js* aus:

```
import classNames from 'classnames';
import React, {PropTypes} from 'react';

function Button(props) {
  const cssclasses = classNames('Button', props.className);
  return props.href
    ? <a {...props} className={cssclasses} />
    : <button {...props} className={cssclasses} />;
}

Button.propTypes = {
  href: PropTypes.string,
};

export default Button
```

Diese Komponente ist kurz, aber voller neuer Konzepte und interessanter Syntax. Schauen wir uns den Code genauer an!

Paket classnames

```
import classNames from 'classnames';
```

Das Paket `classnames` (Sie erhalten es mit `npm i --save-dev classnames`) stellt Ihnen eine hilfreiche Funktion bei der Arbeit mit CSS-Klassennamen bereit. Häufig möchten Sie, dass Ihre Komponente ihre eigenen Klassen verwendet, aber auch so flexibel ist, eine Anpassung über durch das Eltern-Element weitergereichte Klassennamen zu erlauben. Früher gab es dafür ein Tool im Add-on-Paket von React, aber das ist veraltet, und man sollte dieses eigenständige Paket verwenden. Es enthält nur genau eine Funktion:

```
const cssclasses = classNames('Button', props.className);
```

So wird der Klassenname `Button` mit allen anderen Klassennamen verkettet, die eventuell als Eigenschaften beim Erstellen der Komponente übergeben wurden (Abbildung 6-3).

Sie können Klassennamen natürlich auch selbst aneinanderhängen, aber `classnames` ist ein kleines Paket, das diese häufig vorkommende Aufgabe viel bequemer erledigt. Zudem können Sie Klassennamen auch bedingt setzen, zum Beispiel:

```
<div className={classNames({
  'mine': true, // immer
  'highlighted': this.state.active, // hängt vom Status der
                                    // Komponente ab ...
  'hidden': this.props.hide, // ... oder von den Eigenschaften
})} />
```

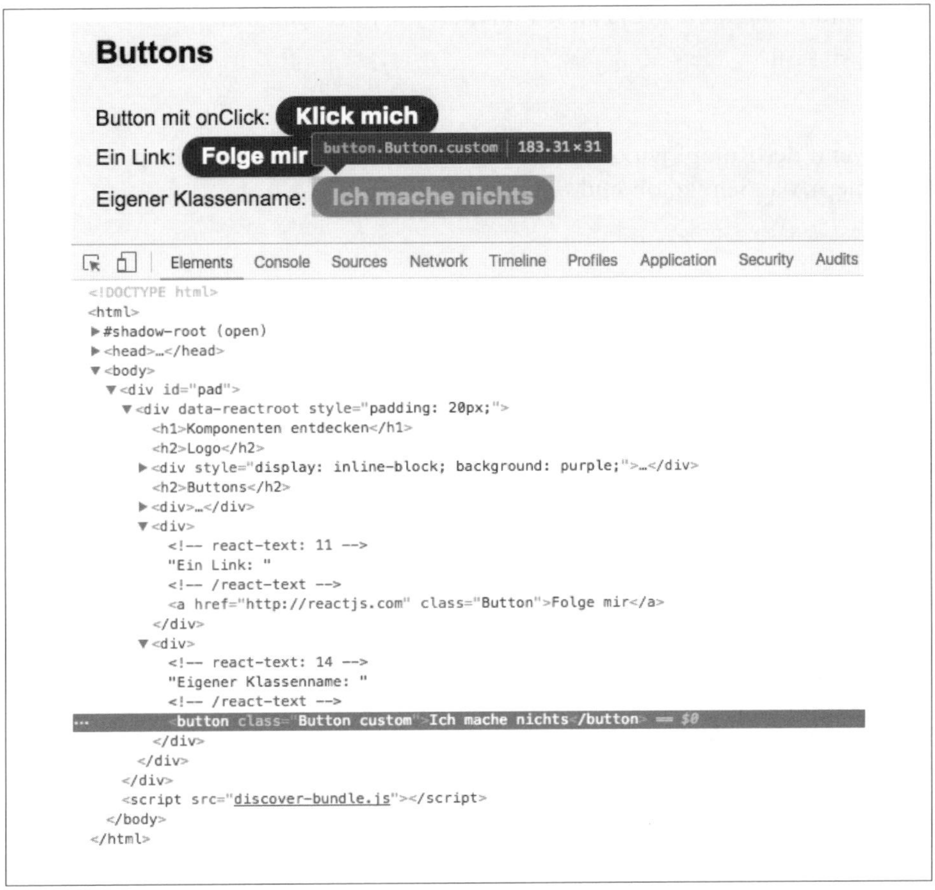

Abbildung 6-3: <Button> mit einem eigenen Klassennamen

Destrukturierungszuweisung

```
import React, {PropTypes} from 'react';
```

Das ist nur eine Kurzform für:

```
import React from 'react';

const PropTypes = React.PropTypes;
```

Zustandslose funktionale Komponente

Ist eine Komponente sehr einfach (das ist schon in Ordnung!) und benötigt keinen Status, können Sie sie über eine Funktion definieren. Der Rumpf der Funktion ist dann der Ersatz für Ihre `render()`-Methode. Die Funktion übernimmt alle Eigenschaften als erstes Argument – darum verwenden Sie `props.href` und nicht `this.props.href` wie in der Klassen-/Objektversion.

Als Pfeilfunktion können Sie diese Funktion wie folgt schreiben:

```
const Button = props => {
  // ...
};
```

Und wenn der Rumpf wirklich einzeilig wird, können Sie sogar die geschweiften Klammern, das Semikolon und `return` weglassen:

```
const Button = props =>
  props.href
    ? <a {...props} className={classNames('Button', props.className)} />
    : <button {...props} className={classNames('Button', props.className)} />
```

propTypes

Verwenden Sie die Klassensyntax nach ES2015 oder eine funktionale Komponente, müssen Sie Eigenschaften wie `propTypes` nach der Definition der Komponente als statische Eigenschaften definieren. Mit anderen Worten:

Zuvor (ES3, ES5):

```
var PropTypes = React.PropTypes;

var Button = React.createClass({
  propTypes: {
    href: PropTypes.string
  },
  render: function() {
    /* render */
  }
});
```

Danach (ES2015-Klassen):

```
import React, {Component, PropTypes} from 'react';

class Button extends Component {
  render() {
    /* render */
  }
}

Button.propTypes = {
  href: PropTypes.string,
};
```

Das Gleiche beim Einsatz einer zustandslosen funktionalen Komponente:

```
import React, {Component, PropTypes} from 'react';

const Button = props => {
  /* render */
};
```

```
Button.propTypes = {
  href: PropTypes.string,
};
```

Formulare

So weit ist die `<Button>`-Komponente jetzt fertig. Kümmern wir uns um die nächste Aufgabe, die für jede Anwendung mit Dateneingabe wichtig ist: den Umgang mit Formularen. Als App-Entwickler sind wir mit dem vorgegebenen Aussehen von Formularfeldern in Browsern nur selten glücklich, daher nehmen wir lieber unsere eigenen Versionen. Die Whinepad-App kann hier natürlich keine Ausnahme sein.

Bauen wir uns eine generische `<FormInput>`-Komponente mit einer Methode `getValue()`, die dem Aufrufer Zugriff auf den Wert im Eingabefeld liefert. Abhängig von der Eigenschaft `type` sollte diese Komponente das Erstellen des Felds an spezialisiertere Komponenten delegieren – zum Beispiel `<Suggest>`, `<Rating>` usw.

Beginnen wir mit den einfacheren Komponenten – diese benötigen nur die Methoden `render()` und `getValue()`.

<Suggest>

Im Web sind tolle Auto-Suggest-Eingabefelder verbreitet (auch als Typeahead bekannt), aber wir wollen es einfach halten und das nutzen, was der Browser schon bietet – ein `<datalist>`-HTML-Element (Abbildung 6-4).

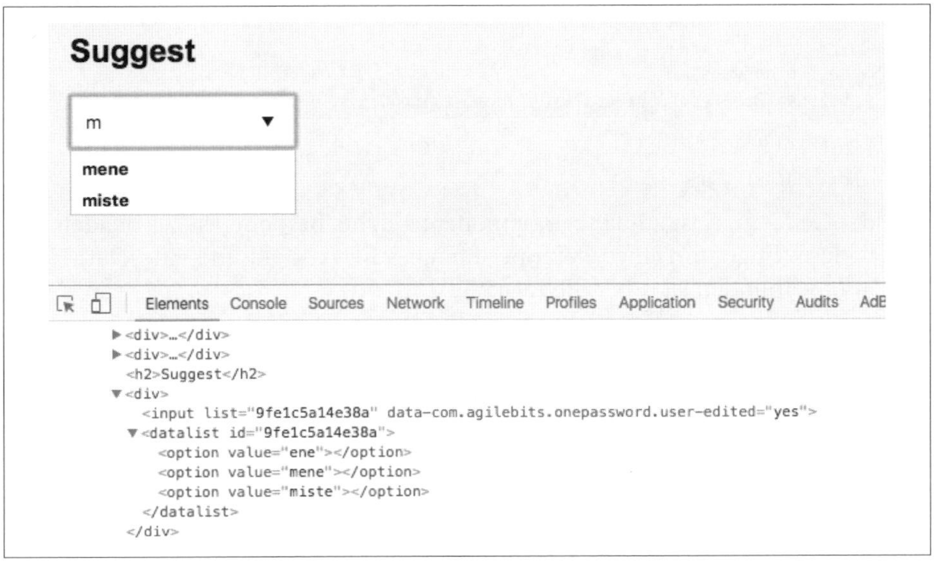

Abbildung 6-4: Das <Suggest>-Feld in Aktion

Zuerst passen wir die Entdecken-App an:

```
<h2>Suggest</h2>
<div><Suggest options={['ene', 'mene', 'miste']} /></div>
```

Jetzt implementieren wir die Komponente in */js/source/components/Suggest.js*:

```
import React, {Component, PropTypes} from 'react';

class Suggest extends Component {

  getValue() {
    return this.refs.lowlevelinput.value;
  }

  render() {
    const randomid = Math.random().toString(16).substring(2);
    return (
      <div>
        <input
          list={randomid}
          defaultValue={this.props.defaultValue}
          ref="lowlevelinput"
          id={this.props.id} />
        <datalist id={randomid}>{
          this.props.options.map((item, idx) =>
            <option value={item} key={idx} />
          )
        }</datalist>
      </div>
    );
  }
}

Suggest.propTypes = {
  options: PropTypes.arrayOf(PropTypes.string),
};

export default Suggest
```

Wie der Code zeigt, ist an dieser Komponente nichts Besonderes – es handelt sich mehr oder weniger um einen Wrapper um ein `<input>`-Feld und eine `<datalist>`, die damit verbunden ist (über die `randomid`).

Mit der neuen ES-Syntax sehen Sie, wie es möglich ist, mit der Destrukturierungszuweisung mehr als eine Eigenschaft einer Variablen zuzuweisen:

```
// vorher
import React from 'react';
const Component = React.Component;
const PropTypes = React.PropTypes;

// nachher
import React, {Component, PropTypes} from 'react';
```

Und als neues React-Konzept sehen Sie hier den Einsatz eines `ref`-Attributs.

ref

Schauen Sie sich diese Zeilen an:

```
<input ref="domelement" id="hello">
/* später ... */
console.log(this.refs.domelement.id === 'hello'); // true
```

Das `ref`-Attribut ermöglicht es Ihnen, eine bestimmte Instanz einer React-Komponente mit einem Namen zu versehen und sie später zu referenzieren. Sie können jeder Komponente ein `ref` hinzufügen, aber meist wird dieses Attribut genutzt, um auf DOM-Elemente zu verweisen, wenn Sie tatsächlich Zugriff auf sie benötigen. Häufig ist der Einsatz von `ref` ein Workaround, und es könnte andere Möglichkeiten geben.

Im vorigen Beispiel wollen Sie den Wert von `<input>` auslesen, sofern dieser benötigt wird. Wenn Sie sich vorstellen, dass Änderungen am Eingabefeld auch Änderungen des Status der Komponente sein können, ist es möglich, zu `this.state` zu wechseln, um über den Wert informiert zu sein:

```
class Suggest extends Component {

  constructor(props) {
    super(props);
    this.state = {value: props.defaultValue};
  }

  getValue() {
    return this.state.value; // `ref` nicht mehr nötig
  }

  render() {}
}
```

Dann braucht das `<input>`-Element kein `ref` mehr, dafür aber einen `onChange`-Handler, um den Status zu aktualisieren:

```
<input
  list={randomid}
  defaultValue={this.props.defaultValue}
  onChange={e => this.setState({value: e.target.value})}
  id={this.props.id} />
```

Beachten Sie die Verwendung von `this.state = {...}` im `constructor()`: Das ist ein Ersatz für `getInitialState()`, das Sie vor ES6 verwendet haben.

<Rating>-Komponente

Die App dreht sich um Dinge, die Sie ausprobieren und für die Sie sich Notizen machen. Am einfachsten geht das über Sternchen-Bewertungen, zum Beispiel von 1 bis 5.

Diese sehr gut wiederverwendbare Komponente kann auf unterschiedliche Weise konfiguriert werden:

- Verwenden Sie eine beliebige Anzahl an Sternen. Standardwert ist 5, aber warum nehmen Sie nicht einmal 11?
- Der Wert kann schreibgeschützt sein, denn manchmal wollen Sie nicht, dass unabsichtliche Klicks auf die Sterne die so wichtigen Daten ändern.

Testen Sie die Komponente im Entdeckungstool (Abbildung 6-5):

```
<h2>Rating</h2>
<div>Kein initialer Wert: <Rating /></div>
<div>Initialer Wert 4: <Rating defaultValue={4} /></div>
<div>Bis zu 11: <Rating max={11} /></div>
<div>Schreibgeschützt: <Rating readonly={true} defaultValue={3} /></div>
```

Abbildung 6-5: Ein Bewertungs-Widget

Zu den Pflichtaufgaben der Implementierung gehört das Einrichten der Eigenschaftstypen und des Status:

```
import classNames from 'classnames';
import React, {Component, PropTypes} from 'react';

class Rating extends Component {

  constructor(props) {
    super(props);
    this.state = {
      rating: props.defaultValue,
      tmpRating: props.defaultValue,
    };
  }

  /* weitere Methoden ... */

}

Rating.propTypes = {
  defaultValue: PropTypes.number,
  readonly: PropTypes.bool,
```

```
  max: PropTypes.number,
};

Rating.defaultProps = {
  defaultValue: 0,
  max: 5,
};

export default Rating
```

Die Eigenschaften sind selbsterklärend: `max` steht für die Anzahl an Sternen, und `readonly` sorgt dafür, dass das Widget nichts verändert. Der Status enthält auch `rating`, bei dem es sich um den aktuellen Wert von zugewiesenen Sternen handelt, und `tmpRating`, das verwendet wird, wenn der Benutzer mit der Maus über die Komponente wandert, aber noch nicht geklickt und damit die Wertung bestätigt hat.

Nun definieren wir noch ein paar Hilfsfunktionen, die bei der Arbeit mit dem Status helfen, während der Benutzer mit der Komponente interagiert:

```
getValue() { // alle unsere Eingabefelder bieten diese Funktion
  return this.state.rating;
}

setTemp(rating) { // bei Mouseover
  this.setState({tmpRating: rating});
}

setRating(rating) { // bei Klick
  this.setState({
    tmpRating: rating,
    rating: rating,
  });
}

reset() { // gehe bei Mouseout zum früheren Wert zurück
  this.setTemp(this.state.rating);
}

componentWillReceiveProps(nextProps) { // auf Änderungen von außen reagieren
  this.setRating(nextProps.defaultValue);
}
```

Und schließlich die `render()`-Methode. Sie enthält Folgendes:

- Eine Schleife, um die Sterne zwischen `1` und `this.props.max` zu erstellen. Die Sterne bestehen einfach aus dem Symbol ☆. Wird der Stil `RatingOn` zugewiesen, werden die Sterne gelb.
- Ein verborgenes Eingabefeld, um als echtes Formularfeld zu funktionieren und den Wert generisch auslesen lassen zu können (wie bei einem klassischen <input>).

```
render() {
  const stars = [];
  for (let i = 1; i <= this.props.max; i++) {
    stars.push(
      <span
        className={i <= this.state.tmpRating ? 'RatingOn' : null}
        key={i}
        onClick={!this.props.readonly && this.setRating.bind(this, i)}
        onMouseOver={!this.props.readonly && this.setTemp.bind(this, i)}
      >
        &#9734;
      </span>);
  }
  return (
    <div
      className={classNames({
        'Rating': true,
        'RatingReadonly': this.props.readonly,
      })}
      onMouseOut={this.reset.bind(this)}
    >
      {stars}
      {this.props.readonly || !this.props.id
        ? null
        : <input
          type="hidden"
          id={this.props.id}
          value={this.state.rating} />
      }
    </div>
  );
}
```

Schauen Sie sich den Einsatz von `bind` an. In der Schleife zum Erstellen der Sterne ist es sinnvoll, sich den aktuellen Wert von `i` zu merken, aber wozu dient `this.reset.bind(this)`? Nun, das ist etwas, das Sie tun müssen, wenn Sie die ES-Klassensyntax verwenden. Sie haben drei Möglichkeiten für das Binding:

- `this.method.bind(this)` , wie in diesem Beispiel
- eine Pfeilfunktion, die das Autobinding vornimmt, wie zum Beispiel `(_ungenutztes_Event_) => this.method()`
- einmal im Konstruktor binden

Bei der dritten Option gehen Sie wie folgt vor:

```
class Comp extents Component {
  constructor(props) {
    this.method = this.method.bind(this);
  }
```

```
  render() {
    return <button onClick={this.method}>
  }
}
```

Ein Vorteil ist, dass Sie die Referenz `this.method` wie zuvor verwenden (wie bei Komponenten, die mit `React.createClass({})` erstellt wurden). Ein weiterer Vorteil ist, dass Sie die Methode ein für alle Mal binden – im Gegensatz zum Binden in `render()`, das immer wieder geschieht. Nachteil ist ein erhöhtes Aufkommen sich wiederholenden Codes im Controller.

Eine <FormInput>-»Fabrik«

Als Nächstes kommt eine generische `<FormInput>`-Komponente, die abhängig von den übergebenen Eigenschaften unterschiedliche Eingabefelder erzeugen kann. Diese verhalten sich alle konsistent (sie bieten zum Beispiel `getValue()`).

Testen wir das in der Entdecken-App (Abbildung 6-6):

```
<h2>Form inputs</h2>
<table><tbody>
  <tr>
    <td>Klassisch</td>
    <td><FormInput /></td>
  </tr>
  <tr>
    <td>Vorbefüllt</td>
    <td><FormInput defaultValue="wie ein Standardwert" /></td>
  </tr>
  <tr>
    <td>Jahr</td>
    <td><FormInput type="year" /></td>
  </tr>
  <tr>
    <td>Bewertung</td>
    <td><FormInput type="rating" defaultValue={4} /></td>
  </tr>
  <tr>
    <td>Vorschläge</td>
    <td><FormInput
      type="suggest"
      options={['rot', 'grün', 'blau']}
      defaultValue="grün" />
    </td>
  </tr>
  <tr>
    <td>Klassische Textarea</td>
    <td><FormInput type="text" /></td>
  </tr>
</tbody></table>
```

Abbildung 6-6: Formularfelder

Die Implementierung von `<FormInput>` (*js/source/components/FormInput.js*) erfordert den üblichen Standardcode für Import, Export und `propTypes` zur Validierung:

```
import Rating from './Rating';
import React, {Component, PropTypes} from 'react';
import Suggest from './Suggest';

class FormInput extends Component {
  getValue() {}
  render() {}
}

FormInput.propTypes = {
  type: PropTypes.oneOf(['year', 'suggest', 'rating', 'text', 'input']),
  id: PropTypes.string,
  options: PropTypes.array, // wie in auto-complete-<option>s
  defaultValue: PropTypes.any,
};

export default FormInput
```

Die Methode `render()` besteht aus einer großen `switch`-Anweisung, die das Erstellen der einzelnen Eingabefelder an eine spezifischere Komponente delegiert oder die eingebauten DOM-Elemente `<input>` und `<textarea>` nutzt:

```
render() {
  const common = { // Eigenschaften für alle
    id: this.props.id,
    ref: 'input',
    defaultValue: this.props.defaultValue,
  };
```

```
    switch (this.props.type) {
      case 'year':
        return ( <input
          {...common}
          type="number"
          defaultValue={this.props.defaultValue ||
            new Date().getFullYear()} />
        );
      case 'suggest':
        return <Suggest {...common} options={this.props.options} />;
      case 'rating':
        return (
          <Rating
            {...common}
            defaultValue={parseInt(this.props.defaultValue, 10)} />
        );
      case 'text':
        return <textarea {...common} />;
      default:
        return <input {...common} type="text" />;
    }
  }
```

Ist Ihnen die Eigenschaft ref aufgefallen? Sie kann nützlich sein, wenn es darum geht, den Wert des Eingabefelds zu ermitteln:

```
  getValue() {
    return 'value' in this.refs.input
      ? this.refs.input.value
      : rhis.refs.input.getValue();
  }
```

Hier ist this.refs.input eine Referenz auf das zugrunde liegende DOM-Element. Bei den klassischen DOM-Elementen wie <input> und <textarea> erhalten Sie den DOM-value über this.refs.input.value (so wie beim klassischen document.getElementById('some-input').value). Und bei den coolen eigenen Eingabefeldern wie <Suggest> und <Rating> nutzen Sie die jeweilige Methode getValue().

<Form>

Jetzt haben wir:

- eigene Eingabefelder (zum Beispiel <Rating>)
- eingebaute Eingabefelder (zum Beispiel <textarea>)
- <FormInput> – eine Fabrik, die das Eingabefeld abhängig von der Eigenschaft type anlegt

Sorgen wir nun dafür, dass alle zusammen in einer <Form> funktionieren (Abbildung 6-7).

Abbildung 6-7: Formulare

Die Form-Komponente soll wiederverwendbar und nichts aus der Wein-Bewertungs-App sollte dort hartcodiert sein. (Und noch einen Schritt weiter: Auch in Bezug auf den Wein ist nichts hartcodiert, damit sich die App für alles nutzen lässt.) Die Komponente `<Form>` kann über ein Array `fields` konfiguriert werden, wobei jedes Feld wie folgt definiert ist:

- Eingabe-`type`, wobei »input« der Standard ist
- `id`, sodass das Eingabefeld später auch wiedererkannt werden kann
- `label` mit dem Text, der neben dem Feld steht
- optionale `options` für das Vorschlagslisten-Eingabefeld

Die `<Form>` erwartet auch eine Map mit Standardwerten und lässt sich schreibgeschützt rendern, sodass sie vom Anwender nicht verändert werden kann:

```
import FormInput from './FormInput';
import Rating from './Rating';
import React, {Component, PropTypes} from 'react';

class Form extends Component {
  getData() {}
  render() {}
}

Form.propTypes = {
  fields: PropTypes.arrayOf(PropTypes.shape({
    id: PropTypes.string.isRequired,
    label: PropTypes.string.isRequired,
    type: PropTypes.string,
    options: PropTypes.arrayOf(PropTypes.string),
  })).isRequired,
  initialData: PropTypes.object,
  readonly: PropTypes.bool,
};

export default Form
```

Beachten Sie den Einsatz von `PropTypes.shape`. Damit können Sie sehr genau festlegen, was Sie in einer Map erwarten. Es ist strikter als das allgemeinere `fields: PropTypes.arrayOf(PropTypes.object)` oder `fields: PropTypes.array`, und Sie verhindern mit Sicherheit einiges an Fehlern, wenn andere Entwickler Ihre Komponente einsetzen.

`initialData` ist eine Map vom Typ `{fieldname: value}` – so werden auch die Daten von `getData()` zurückgegeben.

Hier ein Beispiel für den Einsatz von `<Form>` im Entdeckungstool:

```
<Form
  fields={[
    {label: 'Bewertung', type: 'rating', id: 'rateme'},
    {label: 'Grüße', id: 'freetext'},
  ]}
  initialData={ {rateme: 4, freetext: 'Hallo'} } />
```

Jetzt zurück zur Implementierung. Die Komponente benötigt `getData()` und `render()`:

```
getData() {
  let data = {};
  this.props.fields.forEach(field =>
    data[field.id] = this.refs[field.id].getValue()
  );
  return data;
}
```

Wie Sie sehen, ist nur eine Schleife über alle `getValue()`-Methoden der Eingabefelder notwendig. Dazu werden die `ref`-Eigenschaften genutzt, die in der `render()`-Methode gesetzt wurden.

Die render()-Methode selbst enthält nichts wirklich Überraschendes und verwendet keine Syntax oder andere Muster, die Sie noch nicht kennengelernt haben:

```
render() {
  return (
    <form className="Form">{this.props.fields.map(field => {
      const prefilled = this.props.initialData &&
        this.props.initialData[field.id];
      if (!this.props.readonly) {
        return (
          <div className="FormRow" key={field.id}>
            <label className="FormLabel" htmlFor={field.id}>
              {field.label}:
            </label>
            <FormInput {...field} ref={field.id}
              defaultValue={prefilled} />
          </div>
        );
      }
      if (!prefilled) {
        return null;
      }
      return (
        <div className="FormRow" key={field.id}>
          <span className="FormLabel">{field.label}:</span>
          {
            field.type === 'rating'
              ? <Rating readonly={true}
                defaultValue={parseInt(prefilled, 10)} />
              : <div>{prefilled}</div>
          }
        </div>
      );
    }, this)}</form>
  );
}
```

<Actions>

Neben jeder Zeile in der Datentabelle sollte es Aktionssymbole geben (Abbildung 6-8): *Info* (wenn nicht alle Informationen in die Zeile passen), *Bearbeiten*, *Löschen*.

Abbildung 6-8: Aktionen

So testen wir die Actions-Komponente im Entdeckungstool:

```
<h2>Actions</h2>
<div><Actions onAction={type => alert(type)} /></div>
```

Und die Implementierung ist auch ziemlich einfach:

```
import React, {PropTypes} from 'react';

const Actions = props =>
  <div className="Actions">
    <span
      tabIndex="0"
      className="ActionsInfo"
      title="Info"
      onClick={props.onAction.bind(null, 'info')}>&#8505;</span>
    <span
      tabIndex="0"
      className="ActionsEdit"
      title="Bearbeiten"
      onClick={props.onAction.bind(null, 'edit')}>&#10000;</span>
    <span
      tabIndex="0"
      className="ActionsDelete"
      title="Löschen"
      onClick={props.onAction.bind(null, 'delete')}>x</span>
  </div>

Actions.propTypes = {
  onAction: PropTypes.func,
};

Actions.defaultProps = {
  onAction: () => {},
};

export default Actions
```

Actions ist eine einfache Komponente, die nur gerendert werden muss und keinen Status besitzt. Sie kann also als zustandslose funktionale Komponente über eine Pfeilfunktion mit sehr kurzer Syntax definiert werden – kein return, keine {}, keine function-Anweisung (das Ganze lässt sich überhaupt nur schwer als Funktion erkennen).

Die Aufrufer dieser Komponente können sich für das »action«-Event registrieren, indem sie die Eigenschaft onAction verwenden. Das ist ein einfaches Muster für ein Kind-Element, das sein Eltern-Element über eine Änderung innerhalb der Komponente informieren will. Wie Sie sehen, sind eigene Events (wie onAction, onAlienAttack und usw.) ziemlich einfach.

Dialoge

Als Nächstes kommt eine Dialog-Komponente, die sich für Informationen oder Pop-ups (statt alert()) nutzen lässt (Abbildung 6-9). So könnten zum Beispiel alle

Formulare zum Hinzufügen oder Bearbeiten in einem modalen Dialog über der Tabelle präsentiert werden.

Abbildung 6-9: Dialoge

Verwendung:

```
<Dialog
  header="Standardbeispiel"
  onAction={type => alert(type)}>
    Hallo Dialog!
</Dialog>

<Dialog
  header="Kein Abbruch, eigener Button"
  hasCancel={false}
  confirmLabel="Was auch immer"
  onAction={type => alert(type)}>
    Hier kann alles stehen, z. B.:
    <Button>Ein Button</Button>
</Dialog>
```

Die Implementierung entspricht der von `<Actions>` – kein Status (Sie benötigen nur `render()`) und nur ein `onAction`-Callback, wenn der Anwender auf einen Button in der Fußzeile klickt:

```
import Button from './Button';
import React, {Component, PropTypes} from 'react';
```

```
class Dialog extends Component {

}

Dialog.propTypes = {
  header: PropTypes.string.isRequired,
  confirmLabel: PropTypes.string,
  modal: PropTypes.bool,
  onAction: PropTypes.func,
  hasCancel: PropTypes.bool,
};

Dialog.defaultProps = {
  confirmLabel: 'OK',
  modal: false,
  onAction: () => {},
  hasCancel: true,
};

export default Dialog
```

Diese Komponente ist allerdings als Klasse und nicht mithilfe einer Pfeilfunktion definiert, weil sie zwei zusätzliche Lifecycle-Methoden benötigt:

```
componentWillUnmount() {
  document.body.classList.remove('DialogModalOpen');
}

componentDidMount() {
  if (this.props.modal) {
    document.body.classList.add('DialogModalOpen');
  }
}
```

Das ist notwendig, wenn Sie einen modalen Dialog erstellen: Die Komponente fügt einen Klassennamen zum Rumpf des Dokuments hinzu, sodass es entsprechend angepasst (ausgegraut) werden kann.

Schließlich fehlt noch die `render()`-Methode zum Aufbau von modalem Wrapper, Kopf, Hauptbereich und Fußzeile. Der Hauptbereich kann eine beliebige andere Komponente aufnehmen (oder einfachen Text); der Dialog ist bezüglich seines Inhalts sehr offen:

```
render() {
  return (
    <div className={this.props.modal
      ? 'Dialog DialogModal'
      : 'Dialog'}>
      <div className={this.props.modal
        ? 'DialogModalWrap'
        : null}>
        <div className="DialogHeader">{this.props.header}</div>
        <div className="DialogBody">{this.props.children}</div>
        <div className="DialogFooter">
          {this.props.hasCancel
```

```
            ? <span
                className="DialogDismiss"
                onClick={this.props.onAction.bind(this, 'dismiss')}>
                Abbruch
              </span>
            : null
          }
          <Button onClick={this.props.onAction.bind(this,
              this.props.hasCancel ? 'confirm' : 'dismiss')}>
            {this.props.confirmLabel}
          </Button>
        </div>
      </div>
    </div>
  );
}
```

Alternative Ideen:

- Statt eines einzelnen `onAction` könnte man `onConfirm` (der Benutzer klickt auf *OK*) und `onDismiss` anbieten.
- Eine Verbesserung wäre, den Dialog zu verwerfen, wenn der Anwender auf Esc drückt. Wie würden Sie das implementieren?
- Das Wrapper-`div` besitzt einen bedingten und einen immer verwendeten Klassennamen. Die Komponente könnte auch vom Modul `classnames` profitieren:

Vorher:

```
<div className={this.props.modal
  ? 'Dialog DialogModal'
  : 'Dialog'}>
```

Nachher:

```
<div className={classNames({
    'Dialog': true,
    'DialogModal': this.props.modal,
  })}>
```

Anwendungskonfiguration

Jetzt haben wir alle Low-Level-Komponenten fertig. Es verbleiben nur die neue und verbesserte `Excel`-Datentabelle und die oberste Komponente `Whinepad`. Beide sind über ein »Schema«-Objekt konfigurierbar – eine Beschreibung der Datentypen, mit denen Sie in der App arbeiten wollen. Hier ein Beispiel (*js/source/schema.js*), mit dem Sie schon loslegen können:

```
import classification from './classification';

export default [
  {
```

```
    id: 'name',
    label: 'Name',
    show: true, // in `Excel`-Tabelle zeigen
    sample: '2€-Tetrapack',
    align: 'left', // Ausrichtung in `Excel`
  },
  {
    id: 'year',
    label: 'Jahrgang',
    type: 'year',
    show: true,
    sample: 2015,
  },
  {
    id: 'grape',
    label: 'Traube',
    type: 'suggest',
    options: classification.grapes,
    show: true,
    sample: 'Merlot',
    align: 'left',
  },
  {
    id: 'rating',
    label: 'Bewertung',
    type: 'rating',
    show: true,
    sample: 3,
  },
  {
    id: 'comments',
    label: 'Anmerkungen',
    type: 'text',
    sample: 'Für den Preis okay',
  },
]
```

Dies ist ein Beispiel für eines der einfachsten ECMAScript-Module, die Sie sich vorstellen können – es wird nur eine einzelne Variable exportiert. Zudem wird noch ein anderes einfaches Modul importiert, das ein paar längliche Optionen zum Vorbefüllen im Formular enthält (*js/source/classification.js*):

```
export default {
  grapes: [
    'Baco Noir',
    'Barbera',
    'Cabernet Franc',
    'Cabernet Sauvignon',
    // ....
  ],
}
```

Mithilfe des schema-Moduls können Sie jetzt konfigurieren, mit welcher Art von Daten Sie in der App arbeiten wollen.

<Excel>: neu und verbessert

Die Excel-Komponente aus Kapitel 3 ist ein bisschen zu mächtig. Die neue und verbesserte Version sollte besser wiederverwendbar sein. Also werfen wir die Suche raus (und verschieben sie in das oberste <Whinepad>-Element) und nehmen die Download-Möglichkeit weg (die dürfen Sie gern selbst ins Whinepad einbauen). Die Komponente sollte sich nur um den »RUD«-Teil der CRUD-Funktionalität kümmern (Abbildung 6-10). Es ist schlicht eine editierbare Tabelle. Sie sollte über die Eigenschaft onDataChange seinem Eltern-Element Whinepad die Möglichkeit bieten, über Änderungen informiert zu werden.

Abbildung 6-10: Excel

Whinepad soll sich um die Suche, das »C« in CRUD (als das Erstellen eines neuen Eintrags) und das Speichern der Daten über localStorage kümmern. (In einer echten Anwendung werden Sie die Daten vermutlich auch auf einem Server speichern.)

Beide Komponenten verwenden die schema-Map, um die Datentypen zu konfigurieren.

Hier ist nun die vollständige Implementierung von Excel (die der aus Kapitel 3 natürlich sehr ähnelt):

```
import Actions from './Actions';
import Dialog from './Dialog';
import Form from './Form';
import FormInput from './FormInput';
import Rating from './Rating';
import React, {Component, PropTypes} from 'react';
import classNames from 'classnames';

class Excel extends Component {

  constructor(props) {
    super(props);
    this.state = {
      data: this.props.initialData,
      sortby: null, // schema.id
      descending: false,
      edit: null, // [row index, schema.id],
      dialog: null, // {type, idx}
    };
  }

  componentWillReceiveProps(nextProps) {
    this.setState({data: nextProps.initialData});
```

```
  }

  _fireDataChange(data) {
    this.props.onDataChange(data);
  }

  _sort(key) {
    let data = Array.from(this.state.data);
    const descending = this.state.sortby === key &&
      !this.state.descending;
    data.sort((a, b) =>
      descending
        ? (a[key] < b[key] ? 1 : -1)
        : (a[key] > b[key] ? 1 : -1)
    );
    this.setState({
      data: data,
      sortby: key,
      descending: descending,
    });
    this._fireDataChange(data);
  }

  _showEditor(e) {
    this.setState({edit: {
      row: parseInt(e.target.dataset.row, 10),
      key: e.target.dataset.key,
    }});
  }

  _save(e) {
    e.preventDefault();
    const value = this.refs.input.getValue();
    let data = Array.from(this.state.data);
    data[this.state.edit.row][this.state.edit.key] = value;
    this.setState({
      edit: null,
      data: data,
    });
    this._fireDataChange(data);
  }

  _actionClick(rowidx, action) {
    this.setState({dialog: {type: action, idx: rowidx}});
  }

  _deleteConfirmationClick(action) {
    if (action === 'dismiss') {
      this._closeDialog();
      return;
    }
    let data = Array.from(this.state.data);
    data.splice(this.state.dialog.idx, 1);
    this.setState({
      dialog: null,
```

```
    data: data,
  });
  this._fireDataChange(data);
}

_closeDialog() {
  this.setState({dialog: null});
}

_saveDataDialog(action) {
  if (action === 'dismiss') {
    this._closeDialog();
    return;
  }
  let data = Array.from(this.state.data);
  data[this.state.dialog.idx] = this.refs.form.getData();
  this.setState({
    dialog: null,
    data: data,
  });
  this._fireDataChange(data);
}

render() {
  return (
    <div className="Excel">
      {this._renderTable()}
      {this._renderDialog()}
    </div>
  );
}

_renderDialog() {
  if (!this.state.dialog) {
    return null;
  }
  switch (this.state.dialog.type) {
    case 'delete':
      return this._renderDeleteDialog();
    case 'info':
      return this._renderFormDialog(true);
    case 'edit':
      return this._renderFormDialog();
    default:
      throw Error(`Unerwarteter Dialogtyp
        ${this.state.dialog.type}`);
  }
}

_renderDeleteDialog() {
  const first = this.state.data[this.state.dialog.idx];
  const nameguess = first[Object.keys(first)[0]];
  return (
    <Dialog
      modal={true}
```

```
      header="Löschen bestätigen"
      confirmLabel="Löschen"
      onAction={this._deleteConfirmationClick.bind(this)}
    >
      {`Wollen Sie "${nameguess}" wirklich löschen?`}
    </Dialog>
  );
}

_renderFormDialog(readonly) {
  return (
    <Dialog
      modal={true}
      header={readonly ? 'Info' : 'Bearbeiten'}
      confirmLabel={readonly ? 'OK' : 'Sichern'}
      hasCancel={!readonly}
      onAction={this._saveDataDialog.bind(this)}
    >
      <Form
        ref="form"
        fields={this.props.schema}
        initialData={this.state.data[this.state.dialog.idx]}
        readonly={readonly} />
    </Dialog>
  );
}

_renderTable() {
  return (
    <table>
      <thead>
        <tr>{
          this.props.schema.map(item => {
            if (!item.show) {
              return null;
            }
            let title = item.label;
            if (this.state.sortby === item.id) {
              title += this.state.descending
                ? ' \u2191'
                : ' \u2193';
            }
            return (
              <th
                className={`schema-${item.id}`}
                key={item.id}
                onClick={this._sort.bind(this, item.id)}
              >
                {title}
              </th>
            );
          }, this)
        }
        <th className="ExcelNotSortable">Aktionen</th>
        </tr>
```

```
        </thead>
        <tbody onDoubleClick={this._showEditor.bind(this)}>
          {this.state.data.map((row, rowidx) => {
            return (
              <tr key={rowidx}>{
                Object.keys(row).map((cell, idx) => {
                  const schema = this.props.schema[idx];
                  if (!schema || !schema.show) {
                    return null;
                  }
                  const isRating = schema.type === 'rating';
                  const edit = this.state.edit;
                  let content = row[cell];
                  if (!isRating && edit && edit.row === rowidx
                    && edit.key === schema.id) {
                    content = (
                      <form onSubmit={this._save.bind(this)}>
                        <FormInput ref="input" {...schema}
                          defaultValue={content} />
                      </form>
                    );
                  } else if (isRating) {
                    content = <Rating readonly={true}
                      defaultValue={Number(content)} />;
                  }
                  return (
                    <td
                      className={classNames({
                        [`schema-${schema.id}`]: true,
                        'ExcelEditable': !isRating,
                        'ExcelDataLeft': schema.align === 'left',
                        'ExcelDataRight': schema.align === 'right',
                        'ExcelDataCenter': schema.align !== 'left'
                          && schema.align !== 'right',
                      })}
                      key={idx}
                      data-row={rowidx}
                      data-key={schema.id}>
                      {content}
                    </td>
                  );
                }, this)}
                <td className="ExcelDataCenter">
                  <Actions onAction=
                    {this._actionClick.bind(this, rowidx)}/>
                </td>
              </tr>
            );
          }, this)}
        </tbody>
      </table>
    );
  }
}
```

```
Excel.propTypes = {
  schema: PropTypes.arrayOf(
    PropTypes.object
  ),
  initialData: PropTypes.arrayOf(
    PropTypes.object
  ),
  onDataChange: PropTypes.func,
};

export default Excel
```

Es gibt hier ein paar Dinge, die wir uns genauer anschauen wollen:

```
render() {
  return (
    <div className="Excel">
      {this._renderTable()}
      {this._renderDialog()}
    </div>
  );
}
```

Die Komponente rendert die Tabelle und (vielleicht) einen Dialog. Der Dialog kann eine Bestätigung »Wollen Sie wirklich löschen?« sein, ein Bearbeitungsfenster oder ein reines Anzeigefenster, um Informationen über ein Element darzustellen. Oder es gibt keinen Dialog, was der Standardzustand ist. Dann setzen Sie die Eigenschaft `dialog` von `this.state`, wodurch neu gerendert wird und der Dialog zu sehen ist.

Und Sie setzen den `dialog` im Status, wenn der Benutzer auf einen der `<Action>`-Buttons klickt:

```
_actionClick(rowidx, action) {
  this.setState({dialog: {type: action, idx: rowidx}});
}
```

Ändern sich die Daten in der Tabelle (mit `this.setState({data: /*...*/})`), feuern Sie ein Change-Event, sodass das Eltern-Element Bescheid weiß und die Daten speichern kann:

```
_fireDataChange(data) {
  this.props.onDataChange(data);
}
```

Die Kommunikation in die andere Richtung – vom Eltern-`Whinepad` zum Kind-`Excel` – geschieht durch das Ändern der Eigenschaft `initialData` durch das Eltern-Element. `Excel` kann auf solche Änderungen über diese Lifecycle-Funktion reagieren:

```
componentWillReceiveProps(nextProps) {
  this.setState({data: nextProps.initialData});
}
```

Und wie erstellen Sie ein Formular zum Eintragen von Daten (Abbildung 6-11)? Oder wie zeigen Sie Daten an (Abbildung 6-12)? Sie öffnen einen `Dialog` mit einer `Form` darin. Die Datenkonfiguration für das Formular stammt aus `schema`, und die Dateneinträge kommen aus `this.state.data`:

```
_renderFormDialog(readonly) {
  return (
    <Dialog
      modal={true}
      header={readonly ? 'Item info' : 'Bearbeiten'}
      confirmLabel={readonly ? 'ok' : 'Sichern'}
      hasCancel={!readonly}
      onAction={this._saveDataDialog.bind(this)}
    >
      <Form
        ref="form"
        fields={this.props.schema}
        initialData={this.state.data[this.state.dialog.idx]}
        readonly={readonly} />
    </Dialog>
  );
}
```

Abbildung 6-11: Dialog zur Dateneingabe (das U in CRUD)

Abbildung 6-12: Dialog zum Anzeigen von Daten (das R in CRUD)

Wenn der Anwender mit der Bearbeitung fertig ist, müssen Sie lediglich den Status aktualisieren und alle Interessenten darüber informieren:

```
_saveDataDialog(action) {
  if (action === 'dismiss') {
    this._closeDialog(); // setzt nur this.state.dialog auf null
    return;
  }
  let data = Array.from(this.state.data);
  data[this.state.dialog.idx] = this.refs.form.getData();
  this.setState({
    dialog: null,
    data: data,
  });
  this._fireDataChange(data);
}
```

In Bezug auf die neue ES-Syntax gibt es hier nicht viel zu erwähnen, es wird nur umfassend von Template-String Gebrauch gemacht:

```
// Vorher
"Wollen Sie " + nameguess + " wirklich löschen?"

// Nachher
{`Wollen Sie "${nameguess}" wirklich löschen?`}
```

Beachten Sie auch den Einsatz von Templates in Klassennamen, da Sie bei der App die Datentabelle anpassen können, indem Sie die IDs aus dem schema hinzufügen:

```
// Vorher
<th className={"schema-" + item.id}}>

// Nachher
<th className={`schema-${item.id}`}>
```

Die seltsamste Syntax sehen Sie vermutlich beim Einsatz eines Template-Strings als Eigenschaftsname in einem Objekt mithilfe von eckigen Klammern. Das hat nichts mit React zu tun, aber vielleicht war Ihnen zuvor nicht bewusst, dass so etwas auch mit Template-Strings möglich ist:

```
{
  [`schema-${schema.id}`]: true,
  'ExcelEditable': !isRating,
  'ExcelDataLeft': schema.align === 'left',
  'ExcelDataRight': schema.align === 'right',
  'ExcelDataCenter': schema.align !== 'left' &&
    schema.align !==  'right',
}
```

<Whinepad>

Zeit für die letzte Komponente – die Mutter aller Komponenten (Abbildung 6-13). Sie ist einfacher als die Excel-Tabellen-Komponente und besitzt auch weniger Abhängigkeiten:

```
import Button from './Button'; // <- für "Neues Element"
import Dialog from './Dialog'; // <- Dialog für neue Elemente
import Excel from './Excel'; // <- die Tabelle mit allen Elementen
import Form from './Form'; // <- Formular für neues Element
import React, {Component, PropTypes} from 'react';
```

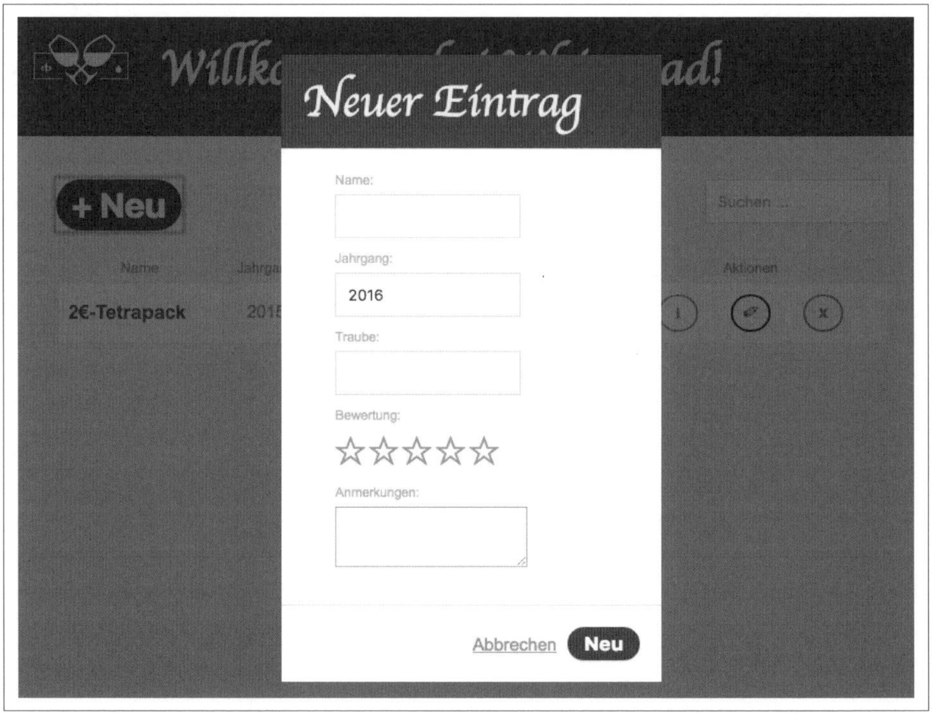

Abbildung 6-13: Das Whinepad in Aktion mit dem »C« aus CRUD

Die Komponente besitzt nur zwei Eigenschaften – schema zum Beschreiben der Daten und die bestehenden Einträge:

```
Whinepad.propTypes = {
  schema: PropTypes.arrayOf(
    PropTypes.object
  ),
  initialData: PropTypes.arrayOf(
    PropTypes.object
  ),
};

export default Whinepad;
```

Nachdem Sie schon die Implementierung von Excel durchgearbeitet haben, sollte dies nicht mehr allzu schwierig sein:

```
class Whinepad extends Component {

  constructor(props) {
    super(props);
    this.state = {
      data: props.initialData,
      addnew: false,
    };
    this._preSearchData = null;
  }

  _addNewDialog() {
    this.setState({addnew: true});
  }

  _addNew(action) {
    if (action === 'dismiss') {
      this.setState({addnew: false});
      return;
    }
    let data = Array.from(this.state.data);
    data.unshift(this.refs.form.getData());
    this.setState({
      addnew: false,
      data: data,
    });
    this._commitToStorage(data);
  }

  _onExcelDataChange(data) {
    this.setState({data: data});
    this._commitToStorage(data);
  }

  _commitToStorage(data) {
    localStorage.setItem('data', JSON.stringify(data));
  }
```

```
_startSearching() {
  this._preSearchData = this.state.data;
}

_doneSearching() {
  this.setState({
    data: this._preSearchData,
  });
}

_search(e) {
  const needle = e.target.value.toLowerCase();
  if (!needle) {
    this.setState({data: this._preSearchData});
    return;
  }
  const fields = this.props.schema.map(item => item.id);
  const searchdata = this._preSearchData.filter(row => {
    for (let f = 0; f < fields.length; f++) {
      if (row[fields[f]].toString().toLowerCase().indexOf(needle) > -1) {
        return true;
      }
    }
    return false;
  });
  this.setState({data: searchdata});
}

render() {
  return (
    <div className="Whinepad">
      <div className="WhinepadToolbar">
        <div className="WhinepadToolbarAdd">
          <Button
            onClick={this._addNewDialog.bind(this)}
            className="WhinepadToolbarAddButton">
            + Neu
          </Button>
        </div>
        <div className="WhinepadToolbarSearch">
          <input
            placeholder="Suchen ..."
            onChange={this._search.bind(this)}
            onFocus={this._startSearching.bind(this)}
            onBlur={this._doneSearching.bind(this)}/>
        </div>
      </div>
      <div className="WhinepadDatagrid">
        <Excel
          schema={this.props.schema}
          initialData={this.state.data}
          onDataChange={this._onExcelDataChange.bind(this)} />
      </div>
      {this.state.addnew
```

```
          ? <Dialog
              modal={true}
              header="Neuer Eintrag"
              confirmLabel="Neu"
              onAction={this._addNew.bind(this)}
            >
              <Form
                ref="form"
                fields={this.props.schema} />
            </Dialog>
          : null}
      </div>
    );
  }
}
```

Beachten Sie, wie sich die Komponente über `onDataChange` für Datenänderungen in `Excel` registriert. Alle Daten werden ganz einfach in `localStorage` gespeichert:

```
_commitToStorage(data) {
  localStorage.setItem('data', JSON.stringify(data));
}
```

Hier ließen sich auch asynchrone Requests (XHR, XMLHttpRequest, Ajax) zum Speichern der Daten auf dem Server abschicken.

Alles zusammen

Der Dreh- und Angelpunkt der App ist *app.js*, wie Sie schon am Anfang des Kapitels gesehen haben. Das Skript *app.js* ist keine Komponente und auch kein Modul – es exportiert nichts. Hier findet nur die Initialisierung statt – das Auslesen der bestehenden Daten aus `localStorage` und das Einrichten der Komponente `<Whinepad>`:

```
'use strict';

import Logo from './components/Logo';
import React from 'react';
import ReactDOM from 'react-dom';
import Whinepad from './components/Whinepad';
import schema from './schema';

let data = JSON.parse(localStorage.getItem('data'));

// Standardbeispieldaten, aus dem Schema gelesen
if (!data) {
  data = {};
  schema.forEach(item => data[item.id] = item.sample);
  data = [data];
}

ReactDOM.render(
  <div>
```

```
      <div className="app-header">
        <Logo /> Willkommen bei Whinepad!
      </div>
      <Whinepad schema={schema} initialData={data} />
    </div>,
    document.getElementById('pad')
  );
```

Und damit ist die Anwendung vollständig. Sie können mit ihr unter *http://whinepad.com* spielen und sich den Code auf *https://github.com/stoyan/reactbook* anschauen.

KAPITEL 7

Lint, Flow, Test, Repeat

In Kapitel 8 wird Flux vorgestellt, bei dem es sich um eine Alternativlösung zum Organisieren der Kommunikation zwischen den Komponenten handelt (es ersetzt Dinge wie `onDataChange`). Es steht also ein wenig Refakturieren an. Wäre es da nicht schön, dabei weniger Fehler zu produzieren? Schauen wir uns ein paar Tools an, die Ihnen helfen, handlungsfähig zu bleiben, während Ihre App unweigerlich wächst und sich weiterentwickelt. Die Tools sind ESLint, Flow und Jest.

Aber zuerst geht es um die gemeinsame Grundlage *package.json*.

package.json

Sie wissen schon, wie Sie den NPM (*Node Package Manager*) einsetzen, um Fremdbibliotheken und -tools zu installieren. Mit dem NPM können Sie aber auch Ihre eigenen Projekte verpacken, diese anderen auf *http://npmjs.com* zur Verfügung stellen und von dort installieren lassen. Es ist allerdings kein Muss, *npmjs.com* zu nutzen, um die Vorteile des NPM genießen zu können.

Beim Packen dreht sich alles um eine Datei *package.json*, die Sie im obersten Verzeichnis Ihrer App ablegen und in der Sie Abhängigkeiten und zusätzliche Tools konfigurieren können. Damit lassen sich unglaublich viele Aufgaben erledigen (siehe *https://docs.npmjs.com/files/package.json*), aber wir wollen die Datei möglichst klein halten und trotzdem schauen, was damit möglich ist.

Erstellen Sie eine neue Datei im Verzeichnis Ihrer Anwendung und nennen Sie sie *package.json*:

```
$ cd ~/reactbook/whinepad2
$ touch package.json
```

Fügen Sie folgenden Inhalt ein:

```
{
  "name": "whinepad",
  "version": "2.0.0",
}
```

Das ist alles, was Sie benötigen. Als Nächstes werden Sie in dieser Datei weitere Konfigurationseinstellungen vornehmen.

Babel konfigurieren

Das Skript *build.sh* aus Kapitel 5 führt Babel wie folgt aus:

```
$ babel --presets react,es2015 js/source -d js/build
```

Sie können den Befehl vereinfachen, indem Sie die Preset-Konfiguration nach *package.json* verschieben:

```
{
  "name": "whinepad",
  "version": "2.0.0",
  "babel": {
    "presets": [
      "es2015",
      "react"
    ]
  },
}
```

Und der Befehl sieht nun so aus:

```
$ babel js/source -d js/build
```

Babel (wie auch viele andere Tools aus der JavaScript-Welt) prüft, ob es eine Datei *package.json* gibt, und holt sich die Konfigurationsoptionen dann von dort.

scripts

NPM ermöglicht Ihnen, Skripte über `npm run scriptname` auszuführen. Als Beispiel wollen wir das einzeilige *./scripts/watch.sh* aus Kapitel 3 nach *package.json* überführen:

```
{
  "name": "whinepad",
  "version": "2.0.0",
  "babel": {/* ... */},
  "scripts": {
    "watch": "watch \"sh scripts/build.sh\" js/source css/"
  }
}
```

Um Ihren Code nun mal eben zu bauen, können Sie Folgendes tun:

```
# vorher
$ sh ./scripts/watch.sh

# nachher
$ npm run watch
```

Wenn Sie das weitertreiben, können Sie auch *build.sh* ersetzen, indem Sie es genauso in *package.json* eintragen. Oder Sie verwenden ein spezialisiertes Build-

Tool (zum Beispiel Grunt oder Gulp), das ebenfalls in *package.json* konfiguriert wird. Für den Rahmen dieses React-Buchs reichen die eben vorgestellten Möglichkeiten aber auch schon aus.

ESLint

ESLint (*http://eslint.org/*) ist ein Tool, das Ihren Code auf potenziell gefährliche Muster kontrolliert. Es hilft auch dabei, Ihre Codebasis konsistent zu halten, indem es zum Beispiel prüft, ob Einrückungen und anderer Whitespace immer gleich verwendet werden. Seltsame Tippfehler und übrig gebliebene Variablen lassen sich ebenfalls entdecken. Idealerweise sollte es zum einen als Teil Ihres Build-Prozesses laufen, aber auch in Ihre Quellcodeverwaltung und Ihren Texteditor eingebunden sein, sodass Sie bereits Hinweise auf Unschönheiten erhalten, während Sie noch im Code wühlen.

Einrichtung

Neben ESLint selbst benötigen Sie Plug-ins für React und Babel, damit das Tool die neueste ECMAScript-Syntax versteht und die JSX- und React-spezifischen Regeln kennt:

```
$ npm i -g eslint eslint-plugin-react eslint-plugin-babel
```

Fügen Sie `eslintConfig` zu *package.json* hinzu:

```
{
  "name": "whinepad",
  "version": "2.0.0",
  "babel": {},
  "scripts": {},
  "eslintConfig": {
    "parser": "babel-eslint",
    "plugins": [
      "babel",
      "react"
    ],
  }
}
```

Ausführen

Lassen Sie ESLint auf eine Ihrer Dateien los:

```
$ eslint js/source/app.js
```

Der Befehl sollte ohne Fehler durchlaufen – was gut ist, denn es bedeutet, dass ESLint JSX und andere seltsame Syntax versteht. Aber gleichzeitig ist es auch nicht gut, denn es wird überhaupt nicht auf das Einhalten irgendwelcher Regeln geprüft. ESLint kennt Regeln für jede Prüfung. Für den Anfang beginnen Sie per `extends` mit einer Sammlung von Regeln, die ESLint empfiehlt:

```
"eslintConfig": {
  "parser": "babel-eslint",
  "plugins": [],
  "extends": "eslint:recommended"
}
```

Lassen Sie das Tool jetzt laufen, erhalten Sie ein paar Fehler:

```
$ eslint js/source/app.js

/Users/stoyanstefanov/reactbook/whinepad2/js/source/app.js
   4:8   error  "React" is defined but never used  no-unused-vars
   9:23  error  "localStorage" is not defined      no-undef
  25:3   error  "document" is not defined          no-undef

✖ 3 problems (3 errors, 0 warnings)
```

Die zweite und die dritte Meldung drehen sich um nicht definierte Variablen (über die Regel `no-undef`). Diese stehen aber global im Browser zur Verfügung, daher müssen Sie die Konfiguration noch anpassen:

```
"env": {
  "browser": true
}
```

Die erste Regel ist React-spezifisch. Einerseits müssen Sie `React` einbinden, andererseits sieht das aber aus Sicht von ESLint wie eine nicht verwendete Variable aus, die gar nicht da sein müsste. Fügen Sie daher noch eine Regel aus `eslint-plugin-react` hinzu:

```
"rules": {
  "react/jsx-uses-react": 1
}
```

Lassen Sie das Tool über *schema.js* laufen, erhalten Sie eine andere Art von Fehler:

```
$ eslint js/source/schema.js

/Users/stoyanstefanov/reactbook/whinepad2/js/source/schema.js
   9:18  error  Unexpected trailing comma  comma-dangle
  16:17  error  Unexpected trailing comma  comma-dangle
  25:18  error  Unexpected trailing comma  comma-dangle
  32:14  error  Unexpected trailing comma  comma-dangle
  38:33  error  Unexpected trailing comma  comma-dangle
  39:4   error  Unexpected trailing comma  comma-dangle

✖ 6 problems (6 errors, 0 warnings)
```

»Abschließende« Kommata (wie in `let a = [1,]` im Gegensatz zu `let a = [1]`) kann man als schlecht ansehen (da sie vor langer Zeit in bestimmten Browsern zu Fehlern führten), aber sie sind auch sehr praktisch, da man in der Quellcodeverwaltung die Änderungen besser erkennen kann und sich Anpassungen besser vornehmen lassen. Eine weitere Konfiguration holt die Praxis, immer Kommata zu nutzen, zurück von der dunklen Seite der Macht:

```
"rules": {
  "comma-dangle": [2, "always-multiline"],
  "react/jsx-uses-react": 1
}
```

Alle Regeln

Eine vollständige Liste der Regeln finden Sie im Code-Repository zum Buch (*https://github.com/stoyan/reactbook/*) – es handelt sich dabei (als Ausdruck der Loyalität zum Projekt) um eine Kopie der Regeln, die React selbst nutzt.

Schließlich sollten Sie nun noch ESLint in *build.sh* eintragen, damit Sie immer ordentlichen und konsistenten Code haben:

```
#QA
eslint js/source
```

Flow

Flow (*https://flowtype.org/*) ist ein statischer Typ-Checker für JavaScript. Zu Typen gibt es zwei Meinungen, insbesondere in JavaScript.

Manche mögen es, wenn ihnen jemand über die Schulter schaut und sicherstellt, dass Ihr Programm ordentlich mit den Daten umgeht. Wie beim Linting und bei Unit Tests können Sie so sicherer sein, dass Sie nicht irgendwo Code kaputt machen, wo Sie es nicht kontrolliert haben (oder wo Sie der Meinung waren, dass es nichts ausmacht). Besonders bei einer wachsenden Anwendung (und damit mehr Leuten, die mit dem Code zu tun haben) hat ein Typisieren seinen Wert.

Andere mögen gerade die dynamische und typenfreie Natur von JavaScript und sind der Meinung, dass Typen aufgrund der gelegentlich notwendigen Typecasts zu viel Ärger machen.

Es ist natürlich Ihre Entscheidung (und die Ihres Teams), ob Sie aus diesem Tool Profit ziehen wollen, aber es ist auf jeden Fall ein Angebot, das Sie sich anschauen sollten.

Einrichten

```
$ npm install -g flow-bin
$ cd ~/reactbook/whinepad2
$ flow init
```

Diese `init`-Anweisung legt eine leere Datei *.flowconfig* in Ihrem Verzeichnis an. Füllen Sie darin die Abschnitte `ignore` und `include` aus:

```
[ignore]
.*/react/node_modules/.*

[include]
node_modules/react
```

```
node_modules/react-dom
node_modules/classnames

[libs]

[options]
```

Ausführen

Sie müssen jetzt nur das Tool aufrufen:

```
$ flow
```

Oder Sie prüfen nur eine Datei oder ein Verzeichnis:

```
$ flow js/source/app.js
```

Ergänzen Sie nun noch Ihr Build-Skript im QA-Prozess (*Quality Assurance*):

```
# QA
eslint js/source
flow
```

Für die Typprüfung registrieren

Sie müssen im ersten Kommentar der Dateien, die Sie prüfen lassen wollen, den Text `@flow` stehen haben. Ansonsten wird Flow die Datei ignorieren. Es ist also ein echtes Opt-in-Modell.

Beginnen wir mit der einfachsten Komponente aus dem letzten Kapitel: `<Button>`:

```
/* @flow */

import classNames from 'classnames';
import React, {PropTypes} from 'react';

const Button = props =>
  props.href
    ? <a {...props}
        className={classNames('Button', props.className)} />
    : <button {...props}
        className={classNames('Button', props.className)} />

Button.propTypes = {
  href: PropTypes.string,
};

export default Button
```

Lassen wir nun Flow laufen:

```
$ flow js/source/components/Button.js
js/source/components/Button.js:6
  6: const Button = props =>
                    ^^^^^ parameter `props`. Missing annotation

Found 1 error
```

Es gab einen Fehler, aber das ist nicht schlecht – haben wir doch so die Möglichkeit, den Code besser zu machen! Flow beschwert sich darüber, dass es nicht weiß, was das Argument props sein soll.

Flow erwartet, dass eine Funktion wie diese:

```
function sum(a, b) {
  return a + b;
}
```

so ausgezeichnet ist:

```
function sum(a: number, b: number): number {
  return a + b;
}
```

damit Sie nicht mit unerwarteten Ergebnissen wie diesem konfrontiert werden:

```
sum('1' + 2); // "12"
```

<Button> korrigieren

Beim Argument props, das die Funktion erwartet, handelt es sich um ein Objekt. Sie können also Folgendes schreiben:

```
const Button = (props: Object) =>
```

und Flow damit glücklich machen:

```
$ flow js/source/components/Button.js
No errors!
```

Die Object-Anmerkung funktioniert also, aber Sie können noch genauer angeben, was erwartet wird, und einen eigenen Typ definieren:

```
type Props = {
  href: ?string,
};

const Button = (props: Props) =>
  props.href
    ? <a {...props}
        className={classNames('Button', props.className)} />
    : <button {...props}
        className={classNames('Button', props.className)} />

export default Button
```

Wie Sie sehen, werden durch den Wechsel zu einem eigenen Typ die propTypes von React ersetzt. Das bedeutet:

- Sie haben weniger Prüfungen zur Laufzeit und damit Code, der ein klein wenig schneller wird.
- Sie schicken weniger Code (und damit weniger Bytes) an den Client.

Es ist zudem nett, dass die Typen der Eigenschaften oben in der Komponente stehen und somit besser als In-Place-Dokumentation dienen können.

Das Fragezeichen in `href: ?string` sorgt dafür, dass diese Eigenschaft null sein kann.

> Nachdem nun die propTypes rausgeworfen wurden, beschwert sich ESLint darüber, dass die Variable PropTypes nicht verwendet wird. Also machen Sie:
>
> ```
> import React, {PropTypes} from 'react';
> ```
>
> zu:
>
> ```
> import React from 'React';
> ```
>
> Ist es nicht schön, dass Tools wie ESLint auf solche Kleinigkeiten achten?

Mit dem Ausführen von Flow erhalten Sie einen weiteren Fehler:

```
$ flow js/source/components/Button.js
js/source/components/Button.js:13
 13: className={classNames('Button', props.className)} />
                                           ^^^^^^^^^
                                           property `className`.
                                           Property not found in
 13: className={classNames('Button', props.className)} />
                                     ^^^^^ object type
```

Flow hat hier nicht erwartet, im Objekt `props` (mit dem Typ `Props`) einen `className` zu finden. Um dieses Problem zu lösen, ergänzen Sie den neuen Typ um `className`:

```
type Props = {
  href: ?string,
  className: ?string,
};
```

app.js

Führen wir Flow für *app.js* aus, gibt es Ärger:

```
$ flow js/source/app.js
js/source/app.js:11
  11: let data = JSON.parse(localStorage.getItem('data'));
                            ^^^^^^^^^^^^^^^^^^^^^^^^^^^^
                            call of method `getItem`
  11: let data = JSON.parse(localStorage.getItem('data'));
                            ^^^^^^^^^^^^^^^^^^^^^^^^^^^^
                            null. This type is incompatible with
383:     static parse(text: string, reviver?: (key: any, value: any) => any): any;
                            ^^^^^^
                            string. See lib: /private/tmp/flow/flow
lib_28f8ac7e/core.js:383
```

Flow erwartet, dass Sie nur Strings an `JSON.parse()` übergeben, und zeigt Ihnen daher zur Erinnerung die Signatur von `parse()` an. Da Sie aus dem `localStorage` eventuell `null` erhalten können, ist das nicht akzeptabel. Ein kleiner Fix fügt einen Standardwert hinzu:

```
let data = JSON.parse(localStorage.getItem('data') || '');
```

Allerdings ist `JSON.parse('')` im Browser ein Fehler (auch wenn die Typprüfung nun nichts mehr zu bemängeln hat), da ein leerer String keine gültigen JSON-Daten enthält. Hier muss man den Code ein wenig anpassen, um gleichzeitig Flow zu bedienen und keine Browserfehler zu erzeugen.

Sie sehen, wie die Arbeit mit Typen manchmal nervig werden kann, aber es bleibt der Vorteil, dass Sie mit Flow zweimal über die Werte nachdenken, die Sie in Ihrer App herumreichen.

Der relevante Teil des Codes in *app.js* ist dieser:

```
let data = JSON.parse(localStorage.getItem('data'));

// Standardbeispieldaten, aus dem Schema gelesen
if (!data) {
  data = {};
  schema.forEach((item) => data[item.id] = item.sample);
  data = [data];
}
```

Es gibt hier noch ein weiteres Problem: `data` war zuerst ein Array, dann verwandelte es sich in ein Objekt und schließlich wieder zurück in ein Array. Damit hat JavaScript kein Problem, aber es klingt schon ein wenig unsauber – ein Wert hat erst einen Typ, dann einen anderen. Die JavaScript-Engines von Browsern weisen tatsächlich intern Typen zu, um den Code möglichst optimieren zu können. Ändern Sie den Typ dann zwischendurch, kann es sein, dass der Browser den »Optimierungsmodus« verlassen muss, was der Performance abträglich sein kann.

Beheben wir all diese Probleme.

Sie können besonders strikt sein und `data` als Array aus Objekten definieren:

```
let data: Array<Object>;
```

Dann können Sie versuchen, die gespeicherten Daten in einen String (oder null – aufgrund des ?) namens `storage` einzulesen:

```
const storage: ?string = localStorage.getItem('data');
```

Haben Sie einen String gefunden, parsen Sie ihn und sind fertig. Ansonsten belassen Sie `data` als Array und füllen sein erstes Element mit den Beispielwerten:

```
if (!storage) {
  data = [{}];
  schema.forEach(item => data[0][item.id] = item.sample);
} else {
  data = JSON.parse(storage);
}
```

Nun sind schon zwei der Dateien Flow-konform. Sparen wir an dieser Stelle etwas Papier, indem wir hier nicht den ganzen typisierten Code aufführen, sondern konzentrieren wir uns auf ein paar weitere interessante Features von Flow. Das Repository zum Buch (*https://github.com/stoyan/reactbook/*) enthält den gesamten Code.

Mehr zur Typprüfung von props und state

Erstellen Sie Ihre React-Komponente mit einer zustandslosen Funktion, können Sie props wie schon beschrieben auszeichnen:

```
type Props = {/* ... */};
const Button = (props: Props) => {/* ... */};
```

Das geht auch mit einem Klassenkonstruktor:

```
type Props = {/* ... */};
class Rating extends Component {
  constructor(props: Props) {/* ... */}
}
```

Aber was, wenn Sie gar keinen Konstruktor benötigen? Wie hier zum Beispiel:

```
class Form extends Component {
  getData(): Object {}
  render() {}
}
```

Da kommt uns ein weiteres ECMAScript-Feature zupass: eine Klasseneigenschaft:

```
type Props = {/* ... */};
class Form extends Component {
  props: Props;
  getData(): Object {}
  render() {}
}
```

Aktuell sind Klasseneigenschaften noch nicht Teil des ECMAScript-Standards, aber Sie können von ihnen dank Babel und seinem nagelneuen Preset stage-0 trotzdem profitieren. Sie müssen das NPM-Paket babel-preset-stage-0 installieren und den Babel-Abschnitt Ihrer Datei *package.json* wie folgt anpassen:

```
{
  "babel": {
    "presets": [
      "es2015",
      "react",
      "stage-0"
    ]
  }
}
```

Genauso können Sie den Status Ihrer Komponente auszeichnen. Abgesehen davon, dass es gut ist, Typen zu prüfen, dient die immer aktuelle Statusdefinition auch als Dokumentation für diejenigen, die in Ihrer Komponente nach Fehlern suchen. Hier sehen Sie ein Beispiel:

```
type Props = {
  defaultValue: number,
  readonly: boolean,
```

```
  max: number,
};

type State = {
  rating: number,
  tmpRating: number,
};

class Rating extends Component {
  props: Props;
  state: State;
  constructor(props: Props) {
    super(props);
    this.state = {
      rating: props.defaultValue,
      tmpRating: props.defaultValue,
    };
  }
}
```

Und natürlich sollten Sie Ihre eigenen Typen wann immer möglich auch einsetzen:

```
componentWillReceiveProps(nextProps: Props) {
  this.setRating(nextProps.defaultValue);
}
```

Typen exportieren und importieren

Schauen Sie sich die Komponente <FormInput> an:

```
type FormInputFieldType = 'year' | 'suggest' | 'rating' |
                          'text' | 'input';

export type FormInputFieldValue = string | number;

export type FormInputField = {
  type: FormInputFieldType,
  defaultValue?: FormInputFieldValue,
  id?: string,
  options?: Array<string>,
  label?: string,
};

class FormInput extends Component {
  props: FormInputField;
  getValue(): FormInputFieldValue {}
  render() {}
}
```

Hier sehen Sie, wie Sie die Typauszeichnung mit einer Liste erlaubter Werte vornehmen können – ähnlich wie in Reacts `oneOf()`-Eigenschaftstyp.

Auch ist hier zu erkennen, wie Sie einen eigenen Typ (`FormInputFieldType`) als Teil eines anderen eigenen Typs (`FormInputField`) verwenden.

Und schließlich fehlt noch das Exportieren von Typen. Wenn andere Komponenten den gleichen Typ nutzen, muss er nicht neu definiert werden. Sie können ihn dort *importieren*, sofern Ihre Komponente so freundlich ist, ihn zu *exportieren*. So sieht es aus, wenn die <Form>-Komponente einen Typ aus <FormInput> verwendet:

```
import type FormInputField from './FormInput';

type Props = {
  fields: Array<FormInputField>,
  initialData?: Object,
  readonly?: boolean,
};
```

Das Formular braucht eigentlich sogar beide Typen aus FormInput:

```
import type {FormInputField, FormInputFieldValue} from './FormInput';
```

Typecasting

Mit Flow können Sie ebenfalls angeben, dass ein bestimmter Wert einen anderen Typ hat, als Flow es erwarten würde. Ein Beispiel sind Event-Handler, bei denen Sie ein Eventobjekt übergeben, aber Flow davon ausgeht, dass das Event-target etwas anderes sei als das, was Sie gedacht haben. Schauen Sie sich dazu diesen Codeausschnitt der Excel-Komponente an:

```
_showEditor(e: Event) {
  const target = e.target;
  this.setState({edit: {
    row: parseInt(target.dataset.row, 10),
    key: target.dataset.key,
  }});
}
```

Das mag Flow nicht:

```
js/source/components/Excel.js:87
 87:       row: parseInt(target.dataset.row, 10),
                              ^^^^^^^ property `dataset`. Property not found in
 87:       row: parseInt(target.dataset.row, 10),
                       ^^^^^^ EventTarget

js/source/components/Excel.js:88
 88:       key: target.dataset.key,
                       ^^^^^^^ property `dataset`. Property not found in
 88:       key: target.dataset.key,
                ^^^^^^ EventTarget

Found 2 errors
```

Bei Betrachtung der Definitionen in *https://github.com/facebook/flow/blob/master/lib/dom.js* sehen Sie, dass `EventTarget` keine Eigenschaft `dataset` besitzt. Aber `HTMLElement` hat sie. Also hilft hier ein Typecast:

```
const target = ((e.target: any): HTMLElement);
```

Die Syntax mag auf den ersten Blick ein wenig seltsam anmuten, aber wenn Sie sie sich Stück für Stück erschließen, ist sie durchaus sinnvoll: Wert, Doppelpunkt, Typ und Klammern, um alle drei Elemente zu verpacken. Ein Wert vom Typ A wird zu einem vom Typ B. In diesem Fall wird ein Objekt vom Typ `any` zum Typ `HTMLElement` (wobei es seinen Wert beibehält).

Invarianten

In der `Excel`-Komponente nutzt der Status zwei Eigenschaften, um sich zu merken, ob ein Benutzer ein Feld bearbeitet und ob es einen aktiven Dialog gibt:

```
this.state = {
  // ...
  edit: null, // {row index, schema.id},
  dialog: null, // {type, idx} };
```

Diese beiden sind entweder `null` (kein Bearbeiten, keine Dialoge), oder es handelt sich um Objekte mit Informationen über das Bearbeiten beziehungsweise einen Dialog. Der Typ dieser beiden Eigenschaften kann wie folgt aussehen:

```
type EditState = {
  row: number,
  key: string,
};

type DialogState = {
  idx: number,
  type: string,
};

type State = {
  data: Data,
  sortby: ?string,
  descending: boolean,
  edit: ?EditState,
  dialog: ?DialogState,
};
```

Nun sind diese Werte manchmal `null` und manchmal nicht. Flow findet das verdächtig – und hat damit auch recht. Wenn Sie versuchen, `this.state.edit.row` oder `this.state.edit.key` zu verwenden, wirft Flow eine Fehlermeldung:

```
Property cannot be accessed on possibly null value
```

Sie verwenden diese Eigenschaften nur, wenn Sie wissen, dass sie auch wirklich verfügbar sind. Aber Flow weiß das nicht. Und es gibt auch keine Absicherung – wächst Ihre App mit der Zeit, kann es sein, dass Sie doch einmal in einen unerwünschten Zustand rutschen. Wenn das passiert, werden Sie sicherlich davon wissen wollen. Um Flow zufriedenzustellen und gleichzeitig darüber informiert zu werden, wenn sich die App falsch verhält, können Sie auf die Nicht-null-Werte prüfen, mit denen Sie arbeiten.

Vorher:

```
data[this.state.edit.row][this.state.edit.key] = value;
```

Nachher:

```
if (!this.state.edit) {
  throw new Error('Edit-Status falsch');
}
data[this.state.edit.row][this.state.edit.key] = value;
```

Jetzt ist alles in Ordnung. Werden die Codeabschnitte zum Werfen von Fehler-Events zu viele, können Sie zu einer `invariant()`-Funktion wechseln. Sie können selbst eine erstellen oder eine bestehende Open-Source-Lösung einsetzen.

NPM hilft Ihnen auch hier:

```
$ npm install --save-dev invariant
```

Ergänzen Sie *.flowconfig*:

```
[include]
node_modules/react
node_modules/react-dom
node_modules/classnames
node_modules/invariant
```

Jetzt können Sie den Funktionsaufruf einsetzen:

```
invariant(this.state.edit, 'Edit-Status falsch');
data[this.state.edit.row][this.state.edit.key] = value;
```

Testen

Der nächste Schritt auf dem Weg zu einem problemfreien Anwendungswachstum ist das automatisierte Testen. Wieder gibt es viele Möglichkeiten, aus denen Sie auswählen können. React nutzt das Jest-Tool (*http://facebook.github.io/jest/*), um Tests laufen zu lassen, daher wollen wir es ebenfalls ausprobieren und sehen, ob es uns eine Hilfe ist. React bietet dabei auch ein Paket `react-addons-test-utils`, das uns unterstützen kann.

Zeit, wieder mal etwas einzurichten.

Einrichten

Installieren Sie die Befehlszeilenoberfläche von Jest:

```
$ npm i -g jest-cli
```

Sie benötigen auch noch `babel-test` (um Ihre Tests im ES6-Stil schreiben zu können) und das Test-Util-Paket von React:

```
$ npm i --save-dev babel-jest react-addons-test-utils
```

Als Nächstes passen Sie die *package.json* an:

```
{
  /* ... */
  "eslintConfig": {
    /* ... */
    "env": {
      "browser": true,
      "jest": true
  },
  /* ... */
  "scripts": {
    "watch": "watch \"sh scripts/build.sh\" js/source js/__tests__ css/",
    "test": "jest"
  },
  "jest": {
    "scriptPreprocessor": "node_modules/babel-jest",
    "unmockedModulePathPatterns": [
      "node_modules/react",
      "node_modules/react-dom",
      "node_modules/react-addons-test-utils",
      "node_modules/fbjs"
    ]
  }
}
```

Jetzt können Sie Jest laufen lassen:

```
$ jest testname.js
```

Oder mit `npm`:

```
$ npm test testname.js
```

Jest sucht in einem Verzeichnis *__tests__* nach Tests, also bringen wir sie alle in *js/__tests__* unter.

Schließlich passen wir das Build-Skript auch noch so an, dass die Tests als Teil jedes Builds per ESLint geprüft und dann ausgeführt werden:

```
# QA
eslint js/source js/__tests__
flow
npm test
```

watch.sh achtet noch zusätzlich auf Änderungen an den Tests (denken Sie daran, dass diese Funktionalität in *package.json* ebenfalls vorhanden ist):

```
watch "sh scripts/build.sh" js/source js/__tests__ css/
```

Erster Test

Jest baut auf das beliebte Framework Jasmine auf, dessen API wie gesprochenes Englisch klingt. Sie definieren eine *Testsuite* mit `describe('suite', callback)`, eine oder mehrere *Testspecs* mit `it('test name', callback)`, und innerhalb jeder Spec nutzen Sie *Assertions* mit der Funktion `expect()`.

Ein sehr einfaches Beispiel ist:[1]

```
describe('A suite', () => {
  it('is a spec', () => {
    expect(1).toBe(1);
  });
});
```

Ausführen des Tests:

```
$ npm test js/__tests__/dummy-test.js

> whinepad@2.0.0 test /Users/stoyanstefanov/reactbook/whinepad2
> jest "js/__tests__/dummy-test.js"

Using Jest CLI v0.8.2, jasmine1
 PASS  js/__tests__/dummy-test.js (0.206s)
1 test passed (1 total in 1 test suite, run time 0.602s)
```

Haben Sie eine falsche Assertion in Ihrem Test, zum Beispiel:

```
expect(1).toBeFalsy();
```

schlägt der Test mit einer Meldung wie die in Abbildung 7-1 fehl.

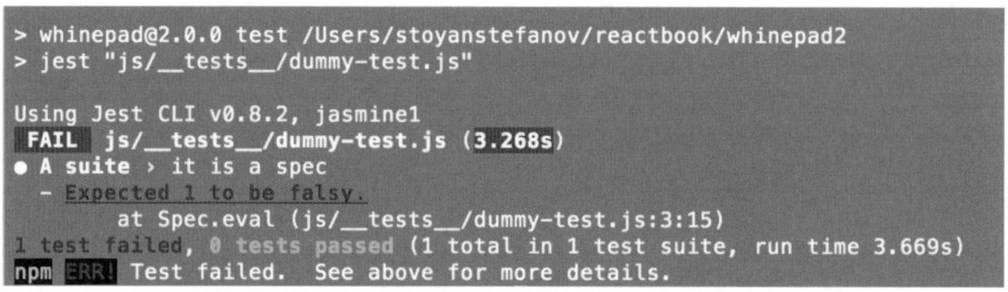

Abbildung 7-1: Ein fehlgeschlagener Testlauf

Erster React-Test

Wenn Sie jetzt das, was Sie über Jest wissen, mit React zusammenbringen, können Sie mit dem Test eines einfachen DOM-Buttons beginnen. Erst kommen die Importe:

```
import React from 'react';
```

1 Anm. d. Übers.: Da die Testsuite mehr oder weniger »normales« Englisch nutzt, werden hier auch die Texte im Code auf Englisch belassen.

```
import ReactDOM from 'react-dom';
import TestUtils from 'react-addons-test-utils';
```

dann folgt das Aufsetzen der Testsuite:

```
describe('We can render a button', () => {
  it('changes the text after click', () => {
    // ...
  });
});
```

Nachdem nun die Vorlage geschaffen ist, wollen wir rendern und testen. Das Rendern besteht aus ein bisschen einfachem JSX:

```
const button = TestUtils.renderIntoDocument(
  <button
    onClick={ev => ev.target.innerHTML = 'Tschö'}>
    Hallo
  </button>
);
```

Hier haben wir die Test-Utils-Bibliothek von React genutzt, um JSX zu rendern – in diesem Fall einen Button, der seinen Text verändert, wenn er angeklickt wird.

Nach dem Rendern sollten wir prüfen, ob das Erwartete gerendert wurde:

```
expect(ReactDOM.findDOMNode(button).textContent).toEqual('Hallo');
```

Wie Sie sehen, wird `ReactDOM.findDOMNode()` verwendet, um Zugriff auf einen DOM-Knoten zu erhalten. Von hier aus können Sie die vertraute DOM-API nutzen, um den Knoten zu analysieren.

Häufig wollen Sie die Benutzerinteraktion mit Ihrem UI testen. Praktischerweise bietet React mit `TestUtils.Simulate` genau das:

```
TestUtils.Simulate.click(button);
```

Und als Letztes prüfen wir noch, ob das UI auf die Interaktion reagiert hat:

```
expect(ReactDOM.findDOMNode(button).textContent).toEqual('Tschö');
```

Im weiteren Verlauf des Kapitels werden Sie noch mehr Beispiele und APIs sehen, aber das hier sind die wichtigsten Tools:

- `TestUtils.renderIntoDocument(beliebigesJSX)`
- `TestUtils.Simulate.*` für die Interaktion mit der Oberfläche
- `ReactDOM.findDOMNode()` (und ein paar andere `TestUtils`-Methoden), um eine Referenz auf einen DOM-Knoten zu erhalten und bei diesem zu prüfen, ob er so aussieht, wie er es sollte

Die <Button>-Komponente testen

Die `<Button>`-Komponente sieht so aus:

```
/* @flow */

import React from 'react';
```

```
import classNames from 'classnames';

type Props = {
  href: ?string,
  className: ?string,
};

const Button = (props: Props) =>
  props.href
    ? <a {...props}
        className={classNames('Button', props.className)} />
    : <button {...props}
        className={classNames('Button', props.className)} />

export default Button
```

Testen wir das:

- Es wird abhängig von der Existenz der Eigenschaft href ein <a> oder ein <button> gerendert (erste Spec).
- Es kann ein eigener Klassenname übergeben werden (zweite Spec).

Beginnen wir einen neuen Test:

```
jest
  .dontMock('../source/components/Button')
  .dontMock('classnames')
;

import React from 'react';
import ReactDOM from 'react-dom';
import TestUtils from 'react-addons-test-utils';
```

Die import-Anweisungen sind die gleichen wie zuvor, aber jetzt gibt es neue jest-Aufrufe.

Ein *Mock* ist der Ersatz eines Stücks Funktionalität durch Fake-Code, der nur so tut, als ob er etwas tut. Das ist im Unit Testing weitverbreitete Praxis, denn Sie wollen eine »Unit« testen – ein kleines Stück in Isolation. Dabei sollen die Nebeneffekte von allem anderem im System möglichst reduziert werden. Entwickler verbringen ziemlich viel Zeit damit, Mocks zu schreiben, daher verfolgt Jest einen entgegengesetzten Ansatz: Alles wird standardmäßig gemockt. Sie haben dann die Wahl, durch dontMock() das Mocking abzuschalten, weil Sie keinen Mock, sondern echten Code testen wollen.

Im vorigen Beispiel haben Sie deklariert, dass <Button> oder die dort eingesetzte classnames-Bibliothek nicht gemockt werden soll.

Als Nächstes wird der <Button> eingebunden:

```
const Button = require('../source/components/Button');
```

Aktuell ist dieser `require()`-Aufruf zwar in der Jest-Dokumentation beschrieben, aber er funktioniert nicht. Stattdessen ist Folgendes notwendig:

```
const Button = require('../source/components/Button').
default;
```

Ein `import` funktioniert auch nicht:

```
import Button from '../source/components/Button';
```

Dieser Code geht aber:

```
import _Button from '../source/components/Button';
const Button = _Button.default;
```

Eine andere Möglichkeit ist, in der `<Button>`-Komponente nicht `export default Button`, sondern `export {Button}` zu nutzen und dann mit `import {Button} from '../source/components/Button'` zu importieren.

Wenn Sie diese Zeilen lesen, wird das Problem aber hoffentlich gelöst sein, und die Standardimporte funktionieren so, wie Sie es erwarten.

Erste Spec

Setzen wir die Suite (mit `describe()`) und die erste Spec auf (mit `it()`):

```
describe('Render Button components', () => {
  it('renders <a> vs <button>', () => {
    /* ... rendern und prüfen ... */
  });
});
```

Rendern wir einen einfachen Button – ohne `href`, daher sollte ein `<button>` herauskommen:

```
const button = TestUtils.renderIntoDocument(
  <div>
    <Button>
      Hallo
    </Button>
  </div>
);
```

Beachten Sie, dass Sie zustandslose funktionale Komponenten wie `<Button>` in einem anderen DOM-Knoten verpacken müssen, um sie später mit `ReactDOM` wiederfinden zu können.

Nun erhalten Sie mit `ReactDOM.findDOMNode(button)` das Wrapper-`<div>`. Um an den `<button>` zu gelangen, nehmen Sie also das erste Kind-Element und prüfen, ob es sich dabei tatsächlich um einen Button handelt:

```
expect(ReactDOM.findDOMNode(button).children[0].nodeName)
  .toEqual('BUTTON');
```

Genauso prüfen Sie als Teil der gleichen Testspec, dass ein Ankerknoten genutzt wird, wenn es ein `href` gibt:

```
const a = TestUtils.renderIntoDocument(
  <div>
    <Button href="#">
      Hallo
    </Button>
  </div>
);
expect(ReactDOM.findDOMNode(a).children[0].nodeName).toEqual('A');
```

Zweite Spec

In der zweiten Spec nutzen Sie eigene Klassennamen und prüfen dann, ob diese dort stehen, wo sie hingehören:

```
it('allows custom CSS classes', () => {
  const button = TestUtils.renderIntoDocument(
    <div><Button className="good bye">Hallo</Button></div>
  );
  const buttonNode = ReactDOM.findDOMNode(button).children[0];
  expect(buttonNode.getAttribute('class')).toEqual('Button good bye');
});
```

Es ist wichtig, hier nochmals auf das Mocking-Verhalten von Jest aufmerksam zu machen. Manchmal schreiben Sie einen Test wie diesen, und er funktioniert nicht wie erwartet. Das kann passieren, wenn Sie vergessen, einen Jest-Mock aufzuheben. Stellen Sie sich vor, Sie haben am Anfang Ihres Tests Folgendes stehen:

```
jest
  .dontMock('../source/components/Button')
  // .dontMock('classnames')
;
```

Dann mockt Jest das `classnames`-Modul, und es passiert nichts. Sie können dieses Verhalten wie folgt beobachten:

```
const button = TestUtils.renderIntoDocument(
  <div><Button className="good bye">Hallo</Button></div>
);
console.log(ReactDOM.findDOMNode(button).outerHTML);
```

Damit wird der generierte HTML-Code an der Konsole ausgegeben:

```
<div data-reactid=".2">
  <button data-reactid=".2.0">Hallo</button>
</div>
```

Wie Sie sehen, werden keine Klassennamen ausgegeben, weil `classNames()` nichts macht – es ist gemockt.

Bauen wir das `dontMock()` wieder ein:

```
jest
  .dontMock('../source/components/Button')
  .dontMock('classnames')
;
```

Jetzt wird outerHTML wieder zu:

```
<div data-reactid=".2">
  <button class="Button good bye" data-reactid=".2.0">
    Hallo
  </button>
</div>
```

und Ihre Tests werden erfolgreich sein.

> Verhält sich ein Test komisch und Sie fragen sich, wie der erzeugte HTML-Code aussieht, ist der Einsatz von console.log(node.outerHTML) eine schnelle, praktische Hilfe, denn so wird der Code direkt ausgegeben.

<Actions> testen

<Actions> ist eine weitere zustandslose Komponente, Sie müssen sie also ebenfalls verpacken, um sie untersuchen zu können. Eine Option – wie bei <Button> – ist das Verpacken in einem div und der Zugriff über:

```
const actions = TestUtils.renderIntoDocument(
  <div><Actions /></div>
);

ReactDOM.findDOMNode(actions).children[0]; // Wurzel von <Actions>
```

Ein Komponenten-Wrapper

Eine weitere Option ist der Einsatz eines Wrapper-React-Elements, womit Sie dann eine Reihe von Methoden aus TestUtils verwenden können, um zu untersuchende Knoten zu finden.

Der Wrapper ist einfach, und Sie können ihn in einem eigenen Modul definieren, sodass er sich wiederverwenden lässt:

```
import React from 'react';
class Wrap extends React.Component {
  render() {
    return <div>{this.props.children}</div>;
  }
}

export default Wrap
```

Nun wird die Test-»Vorlage« zu:

```
jest
  .dontMock('../source/components/Actions')
  .dontMock('./Wrap')
;

import React from 'react';
```

```
import TestUtils from 'react-addons-test-utils';

const Actions = require('../source/components/Actions');
const Wrap = require('./Wrap');

describe('Click some actions', () => {
  it('calls you back', () => {
    /* Rendern */
    const actions = TestUtils.renderIntoDocument(
      <Wrap><Actions /></Wrap>
    );
    /* ... suchen und untersuchen */
  });
});
```

Mock-Funktionen

An der <Action>-Komponente ist nichts Besonderes. Sie sieht so aus:

```
const Actions = (props: Props) =>
  <div className="Actions">
    <span
      tabIndex="0"
      className="Actions"
      title="Info"
      onClick={props.onAction.bind(null, 'info')}>&#8505;</span>
    {/* ... zwei weitere Spans */}
  </div>
```

Die einzige Funktionalität, die Sie testen müssen, ist, ob Ihr onAction-Callback korrekt aufgerufen wird, wenn die Actions angeklickt werden. Mit Jest können Sie Mock-Funktionen definieren und prüfen, wie sie aufgerufen wurden. Das ist für Callback-Funktionen perfekt.

Im Rumpf des Tests erstellen Sie eine neue Mock-Funktion und übergeben diese als Callback an Actions:

```
const callback = jest.genMockFunction();
const actions = TestUtils.renderIntoDocument(
  <Wrap><Actions onAction={callback} /></Wrap>
);
```

Als Nächstes werden die Actions angeklickt:

```
TestUtils
  .scryRenderedDOMComponentsWithTag(actions, 'span')
  .forEach(span => TestUtils.Simulate.click(span));
```

Beachten Sie den Einsatz einer der Methoden aus TestUtils, um DOM-Knoten zu finden. Es wird ein Array aus drei <span>-Knoten zurückgegeben, in dem Sie für jedes Element einen Klick simulieren.

Nun muss Ihre Mock-Callback-Funktion drei Mal aufgerufen worden sein. Stellen Sie also sicher, dass dies auch tatsächlich geschehen ist:

```
const calls = callback.mock.calls;
expect(calls.length).toEqual(3);
```

Wie Sie sehen, handelt es sich bei `callback.mock.calls` um ein Array. Jeder Aufruf enthält dann noch ein Array der beim Aufruf übergebenen Argumente.

Die erste Aktion ist »info«, sie ruft `onAction` mit dem Action Type »info« auf: `props.onAction.bind(null, 'info')`. Das erste Argument (0) des ersten Mock-Callbacks (0) muss also »info« sein:

```
expect(calls[0][0]).toEqual('info');
```

Das Gleiche für die beiden anderen Aktionen:

```
expect(calls[1][0]).toEqual('edit');
expect(calls[2][0]).toEqual('delete');
```

find und scry

`TestUtils` (*https://facebook.github.io/react/docs/test-utils.html*) bietet eine Reihe von Funktionen, um DOM-Knoten in einem React-Render-Baum zu finden. So können Sie zum Beispiel über einen Tagnamen oder einen Klassennamen nach einem Knoten suchen. Ein Beispiel haben Sie schon gesehen:

```
TestUtils.scryRenderedDOMComponentesWithTag(actions, 'span')
```

Ein weiteres ist:

```
TestUtils.scryRenderedDOMComponentsWithClass(actions, 'ActionsInfo')
```

Analog zu den `scry*`-Methoden gibt es auch `find*`, zum Beispiel:

```
TestUtils.findRenderedDOMComponentWithClass(actions, 'ActionsInfo')
```

Beachten Sie den Unterschied zwischen `Component` und `Components`. Mit `scry*` erhalten Sie ein Array mit Ergebnissen zurück (auch wenn es nur eines oder gar keines gibt), während `find*` lediglich eine Übereinstimmung liefert. Gibt es gar kein Ergebnis oder mehrere Treffer, ist dies ein Fehler. Suchen mit `find*` ist also schon eine Assertion, dass es nur genau einen DOM-Knoten im Baum gibt.

Mehr simulierte Interaktionen

Prüfen wir nun das `Rating`-Widget. Es ändert seinen Status, wenn Sie mit der Maus hinein- oder hinausgehen oder es anklicken. Dies ist die Testgrundlage:

```
jest
  .dontMock('../source/components/Rating')
  .dontMock('classnames')
;

import React from 'react';
import TestUtils from 'react-addons-test-utils';

const Rating = require('../source/components/Rating');
```

```
describe('works', () => {
  it('handles user actions', () => {
    const input = TestUtils.renderIntoDocument(<Rating />);

    /* `expect()`-Annahmen hierhin */

  });
});
```

`<Rating>` müssen wir beim Rendern nicht verpacken. Es ist keine zustandslose funktionale Komponente, daher funktioniert der Test auch so.

Das Widget besitzt eine Reihe von Sternen (standardmäßig fünf) in jeweils einem `span`. Suchen wir sie:

```
const stars = TestUtils.scryRenderedDOMComponentsWithTag(input, 'span');
```

Nun simuliert der Test Mouseover, dann Mouseout und dann einen Klick auf den vierten Stern (`span[3]`). Wenn das passiert, sollten die Sterne 1 bis 4 »an« sein – also die Klasse `RatingOn` besitzen, während der fünfte Stern »aus« sein muss:

```
TestUtils.Simulate.mouseOver(stars[3]);
expect(stars[0].className).toBe('RatingOn');
expect(stars[3].className).toBe('RatingOn');
expect(stars[4].className).toBeFalsy();
expect(input.state.rating).toBe(0);
expect(input.state.tmpRating).toBe(4);

TestUtils.Simulate.mouseOut(stars[3]);
expect(stars[0].className).toBeFalsy();
expect(stars[3].className).toBeFalsy();
expect(stars[4].className).toBeFalsy();
expect(input.state.rating).toBe(0);
expect(input.state.tmpRating).toBe(0);

TestUtils.Simulate.click(stars[3]);
expect(input.getValue()).toBe(4);
expect(stars[0].className).toBe('RatingOn');
expect(stars[3].className).toBe('RatingOn');
expect(stars[4].className).toBeFalsy();
expect(input.state.rating).toBe(4);
expect(input.state.tmpRating).toBe(4);
```

Beachten Sie zudem, wie der Test den Status der Komponente nutzt, um den korrekten Wert von `state.rating` und `state.tmpRating` zu prüfen. Das mag für einen Test ein wenig zu aufdringlich sein – denn warum sollte man sich darum sorgen, wie der interne Status einer Komponente aussieht, wenn die »öffentlichen« Ergebnisse stimmen –, aber es ist auf jeden Fall möglich.

Vollständige Interaktionen testen

Schreiben wir ein paar Tests für `Excel`. Denn schließlich ist diese Komponente so mächtig, dass sie das Verhalten nachhaltig beeinträchtigen kann, wenn etwas nicht funktioniert. Starten wir damit:

```
jest.autoMockOff();

import React from 'react';
import TestUtils from 'react-addons-test-utils';

const Excel = require('../source/components/Excel');
const schema = require('../source/schema');

let data = [{}];
schema.forEach(item => data[0][item.id] = item.sample);

describe('Editing data', () => {
  it('saves new data', () => {
    /* ... Rendern, Interagieren, Prüfen */
  });
});
```

Beachten Sie das `jest.autoMockOff();` am Anfang. Statt alle Komponenten aufzuführen, die Excel nutzt (und die Komponenten, die davon wiederum genutzt werden), können Sie das gesamte Mocking auf einmal abschalten.

Als Nächstes sehen Sie, dass Sie ein `schema` und Beispieldaten `data` benötigen, um die Komponente zu initialisieren (so wie *app.js*).

Jetzt kümmern wir uns um das Rendern:

```
const callback = jest.genMockFunction();
const table = TestUtils.renderIntoDocument(
  <Excel
    schema={schema}
    initialData={data}
    onDataChange={callback} />
);
```

Das ist alles so weit in Ordnung, also wollen wir den Wert im ersten Feld der ersten Zeile ändern. Der neue Wert ist:

```
const newname = '€2,99-Plörre';
```

Das fragliche Feld ist:

```
const cell = TestUtils.scryRenderedDOMComponentsWithTag(table, 'td')[0];
```

Aktuell ist ein kleiner Hack erforderlich, um `dataset` nutzen zu können. Denn das fehlt in der DOM-Implementierung, die Jest verwendet:

```
cell.dataset = { // Hack wg. DOM-Unterstützung in Jest
  row: cell.getAttribute('data-row'),
  key: cell.getAttribute('data-key'),
};
```

Ein Doppelklick auf das Feld verwandelt seinen Inhalt in ein Formular mit einem Texteingabefeld:

```
TestUtils.Simulate.doubleClick(cell);
```

Ändern wir den Wert und schicken wir das Formular ab:

```
Cell.getElementsByTagName('input')[0].value = newname;
TestUtils.Simulate.submit(cell.getElementsByTagName('form')[0]);
```

Jetzt ist der Feldinhalt kein Formular mehr, sondern normaler Text:

```
expect(cell.textContent).toBe(newname);
```

Und der `onDataChange`-Callback wurde mit einem Array mit Objekten aus Schlüssel/Wert-Paaren mit den Daten in der Tabelle aufgerufen. Sie können prüfen, ob der Mock-Callback die neuen Daten korrekt erhalten hat:

```
expect(callback.mock.calls[0][0][0].name).toBe(newname);
```

Hier steht `[0][0][0]` für den ersten Aufruf der Mock-Funktion, dort für das erste Argument, bei dem es sich um ein Array handelt, und dort wiederum für das erste Element als ein Objekt (entsprechend einem Datensatz in der Tabelle) mit einer Eigenschaft `name`, die »€2,99-Plörre« lauten soll.

> Statt `TestUtils.Simulate.submit` können Sie auch `TestUtils.Simulate.keyDown` verwenden und ein Event dazu schicken, dass die ↵-Taste gedrückt wurde – was ebenfalls das Formular abschickt.

Als zweite Testspec wollen wir die Zeile mit den Beispieldaten löschen:

```
it('deletes data', () => {
  // Wie zuvor
  const callback = jest.genMockFunction();
  const table = TestUtils.renderIntoDocument(
    <Excel
      schema={schema}
      initialData={data}
      onDataChange={callback} />
  );

  TestUtils.Simulate.click( // x-Icon
    TestUtils.findRenderedDOMComponentWithClass(table, 'ActionsDelete')
  );

  TestUtils.Simulate.click( // Bestätigungs-Dialog
    TestUtils.findRenderedDOMComponentWithClass(table, 'Button')
  );

  expect(callback.mock.calls[0][0].length).toBe(0);
});
```

Wie im vorigen Beispiel ist `callback.mock.calls[0][0]` das neue Array mit den Daten nach der Interaktion. Nur ist dieses Mal nichts mehr drin, da der Test den einen Datensatz gelöscht hat.

Abdeckung

Haben Sie diese Schritte verstanden, wird das Testen ziemlich einfach und vielleicht ein wenig repetitiv. Es liegt an Ihnen, sicherzustellen, dass Sie so viele vollständige Szenarien wie möglich testen. Klicken Sie zum Beispiel auf die Aktion *Info*, verwerfen Sie sie, klicken Sie auf *Löschen*, verwerfen Sie sie, klicken Sie nochmals und löschen Sie erst dann.

Es ist eine tolle Idee, Tests zu nutzen, denn sie helfen Ihnen dabei, schneller voranzukommen, selbstsicherer zu werden und weniger sorgenvoll zu refaktorieren. Tests unterstützen Sie dabei, Ihren Kollegen auf die Finger zu klopfen, wenn diese glauben, eine Änderung würde isoliert sein, während sie in Wirklichkeit viel weitreichendere Auswirkungen hat. Um den Testprozess etwas »spielerischer« zu gestalten, können Sie unter anderem das Feature *Code Coverage* verwenden.

Führen Sie folgenden Befehl aus:

```
$ jest --coverage
```

Damit werden alle Tests gestartet, die Jest finden kann, und anschließend erhalten Sie einen Bericht darüber, wie viele Zeilen, Funktionen und so weiter getestet (oder abgedeckt) wurden. Ein Beispiel sehen Sie in Abbildung 7-2.

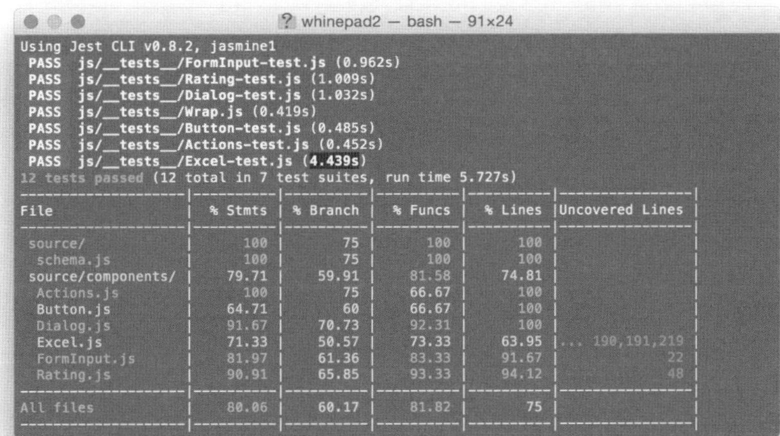

Abbildung 7-2: Code Coverage Report

In diesem Szenario ist nicht alles bestens – es könnten durchaus mehr Tests geschrieben werden. Ein nettes Feature dieses Berichts ist, dass er nicht getestete Zeilen aufzeigt. So haben Sie vielleicht `FormInput` getestet, aber Zeile 22 eben nicht. Die fragliche Zeile ist das `return` in:

```
getValue(): FormInputFieldValue {
  return 'value' in this.refs.input
    ? this.refs.input.value
    : this.refs.input.getValue();
}
```

Es scheint, dass die Tests diese Funktion nie getestet haben. Erledigen wir das mit einer schnellen Testspec:

```
it('returns input value', () => {
  let input = TestUtils.renderIntoDocument(<FormInput type="year" />);
  expect(input.getValue()).toBe(String(new Date().getFullYear()));
  input = TestUtils.renderIntoDocument(
    <FormInput type="rating" defaultValue="3" />
  );
  expect(input.getValue()).toBe(3);
});
```

Das erste `expect()` prüft ein eingebautes DOM-Eingabefeld, während das zweite ein eigenes Eingabefeld kontrolliert. Beide Ergebnisse des Ternäroperators in `getValue()` sollten nun ausgeführt werden.

Der Code Coverage Report belohnt Sie mit dem Ergebnis, dass Zeile 22 nun abgedeckt ist (Abbildung 7-3).

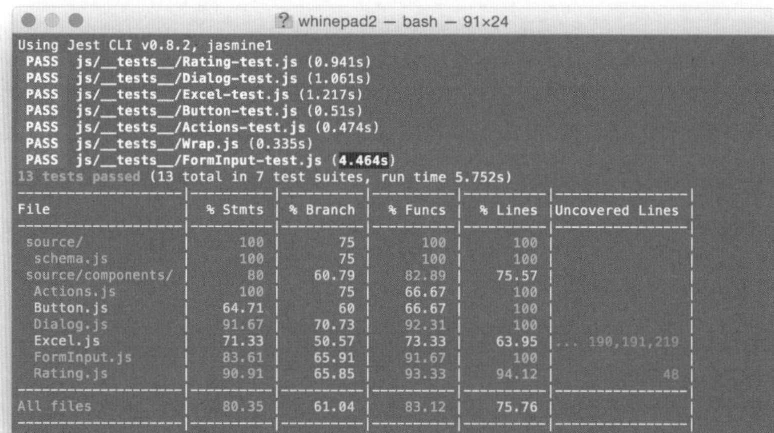

Abbildung 7-3: Aktualisierter Code Coverage Report

KAPITEL 8
Flux

Im letzten Kapitel möchte ich Flux vorstellen (*https://facebook.github.io/flux/*), das eine alternative Möglichkeit für die Kommunikation zwischen Komponenten und dem Datenfluss in Ihrer App bietet. Bisher geschah die Kommunikation durch das Übergeben von Eigenschaften von Eltern- an Kind-Elemente und das Warten auf Änderungen im Kind-Element (zum Beispiel über `onDataChange`). Aber wenn Sie auf diesem Weg Eigenschaften durch die Gegend reichen, landen Sie am Ende manchmal bei einer Komponente, die zu viele Eigenschaften erwartet. Damit lässt sie sich schlecht testen und daraufhin prüfen, ob alle Kombinationen und Permutationen der Eigenschaften wie erwartet funktionieren.

Auch gibt es manchmal Situationen, in denen Sie Eigenschaften von einem Eltern-Element über ein Kind-Element und ein Enkelkind-Element zu einem Urenkelkind-Element (oder noch weiter) durchreichen müssen. Das führt zu sich wiederholendem Code (was für sich schon einmal schlecht ist), aber es ist auch verwirrend und macht das Lesen des Codes schwerer (man muss sich zu viel auf einmal merken).

Flux hilft Ihnen dabei, diese Probleme zu überwinden und Ihr geistiges Wohlbefinden zu behalten, indem es den Datenfluss in Ihrer App handhabbarer macht. Es ist keine Codebibliothek, sondern mehr eine Idee, wie Sie die Daten in Ihrer App organisieren (und strukturieren). Denn schließlich sind es ja fast immer die Daten, die zählen. Die Benutzer verwenden Ihre App, um Geld, E-Mails, Fotos oder was auch immer zu verwalten. Selbst wenn das UI ein wenig hakelig ist, können sie damit leben. Aber der Status der Daten sollte immer deutlich sein (»Habe ich jetzt die 30 Euro überwiesen oder nicht?«).

Es gibt viele Open-Source-Implementierungen der Flux-Ideen, aber statt diese verschiedenen Varianten vorzustellen, verfolgt das Kapitel eher einen Do-it-yourself-Ansatz. Haben Sie die Idee einmal verstanden (und sind von ihren Vorteilen überzeugt), können Sie Ihre Erkundungen selbst aufnehmen oder weiter an einer eigenen Lösung arbeiten.

Die Idee

In Ihrer App geht es um Daten. Diese sind in einem *Store* enthalten. Ihre React-Komponenten (die *Views*) lesen Daten aus dem Store und rendern sie. Dann führt der Benutzer der App eine *Action* durch (zum Beispiel klickt er auf einen Button). Die Action sorgt dafür, dass die Daten im Store aktualisiert werden, was wiederum die View betrifft. Damit schließt sich der Kreis (Abbildung 8-1). Die Daten fließen dabei in eine Richtung (unidirektional), was es erheblich vereinfacht, ihnen zu folgen, sich über sie Gedanken zu machen und sie zu debuggen.

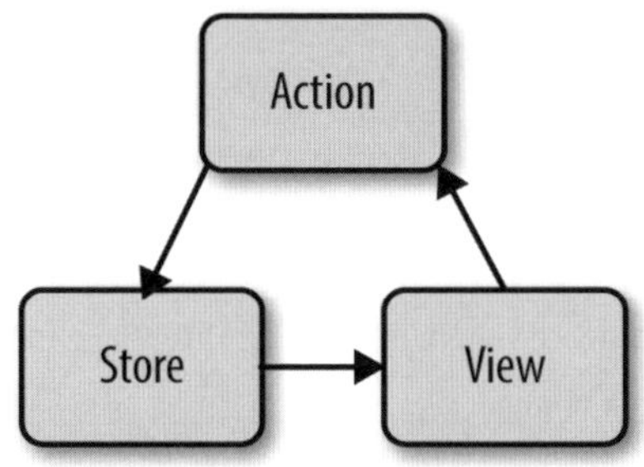

Abbildung 8-1: Unidirektionaler Datenfluss

Es gibt Variationen und Erweiterungen dieser allgemeinen Idee – mit mehr Actions, mehreren Stores und einem Dispatcher, aber wir wollen uns zuerst etwas Code anschauen, bevor wir tiefer in die Erläuterungen einsteigen.

Ein anderer Blick auf Whinepad

Die Whinepad-App besitzt eine oberste React-Komponente namens `<Whinepad>`, die wie folgt erstellt wird:

```
<Whinepad
  schema={schema}
  initialData={data} />
```

`<Whinepad>` wiederum legt eine `<Excel>`-Komponente an:

```
<Excel
  schema={this.props.schema}
  initialData={this.state.data}
  onDataChange={this._onExcelDataChange.bind(this)} />
```

Zuerst wird das `schema`, bei dem es sich um eine Beschreibung der Daten handelt, mit denen die Anwendung arbeitet, unverändert von `<Whinepad>` an `<Excel>` weitergereicht (*piped*). (Und dann auch noch an `<Form>`.) Das wiederholt sich und sorgt für immer gleichen Code. Was, wenn Sie eine ganze Reihe solcher Eigenschaften weiterreichen müssen? Die Oberfläche Ihrer Komponenten wird dann schnell zu groß, ohne dadurch deutliche Vorteile zu bieten.

> Mit »Oberfläche« sind in diesem Zusammenhang die Eigenschaften gemeint, die eine Komponente empfängt. Sie ist ein Synonym für »API« oder »Funktionssignatur«. Wie immer in der Programmierung ist es am besten, die Oberfläche so klein wie möglich zu halten. Eine Funktion mit zehn Argumenten ist viel schwerer zu nutzen, zu debuggen und zu testen als eine mit zwei – oder mit null.

Das schema wird unverändert weitergegeben, aber bei den Daten sieht es nicht so aus. <Whinepad> übernimmt eine Eigenschaft initialData, übergibt an <Excel> aber eine Variante davon (this.state.data im Gegensatz zu this.props.initialData). Hier taucht gleich die erste Frage auf: Wie unterscheiden sich die neuen Daten vom Original? Und wer entscheidet, welche Daten die aktuellen sind – wer hat die *Single Source of Truth*?

In der Implementierung im vorigen Kapitel besitzt tatsächlich <Whinepad> die neuesten Daten, was gut funktioniert. Aber es ist nicht so klar, warum eine UI-Komponente (und bei React geht es immer um das UI) die Source of Truth besitzen sollte.

Lassen wir also einen Store diese Aufgabe erledigen.

Der Store

Beginnen wir mit einer Kopie des bisherigen Codes:

```
$ cd ~/reactbook
$ cp -r whinepad2 whinepad3
$ cd whinepad3
$ npm run watch
```

Nun richten wir ein neues Verzeichnis für die Flux-Module ein (um sie von den React-UI-Komponenten getrennt zu halten), von denen es zwei geben wird – Store und Actions:

```
$ mkdir js/source/flux
$ touch js/source/flux/CRUDStore.js
$ touch js/source/flux/CRUDActions.js
```

In der Flux-Architektur kann es viele Stores geben (einen für Benutzerdaten, einen für Anwendungseinstellungen usw.), aber wir wollen uns auf einen konzentrieren: einen CRUD-Store. Der CRUD-Store ist eigentlich nur eine Liste mit Datensätzen – in diesem Beispiel mit Daten von Weinen und Ihrer Meinung zu diesen.

Der CRUDStore hat nichts mit React zu tun, er lässt sich als normales JavaScript-Objekt implementieren:

```
/* @flow */

let data;
let schema;
```

```
const CRUDStore = {

  getData(): Array<Object> {
    return data;
  },

  getSchema(): Array<Object> {
    return schema;
  },

};

export default CRUDStore
```

Der Store verwaltet also die Single Source of Truth als lokale Modulvariablen `data` und `schema` und gibt sie an jeden heraus, der Interesse daran hat. Der Store ermöglicht auch ein Aktualisieren der Daten (nicht des Schemas, das während der Laufzeit der App konstant bleibt):

```
setData(newData: Array<Object>, commit: boolean = true) {
  data = newData;
  if (commit && 'localStorage' in window) {
    localStorage.setItem('data', JSON.stringify(newData));
  }
  emitter.emit('change');
},
```

Neben dem Aktualisieren der lokalen `data`-Variablen überträgt der Store den neuen Stand auch noch in den permanenten Storage – in diesem Fall `localStorage`, aber es könnte auch ein XHR-Request an den Server sein. Das passiert nur bei einem »Commit«, da Sie den permanenten Speicher nicht immer aktualisieren wollen. Wenn Sie zum Beispiel suchen, wollen Sie, dass die neuesten Daten in der Suche gefunden werden, aber dieses Suchergebnis soll nicht dauerhaft gespeichert werden. Was, wenn es einen Stromausfall nach einem Aufruf von `setData()` gibt und Sie nur noch das Suchergebnis als Daten haben?

Schließlich sehen Sie hier noch, dass das Change-Event ausgelöst wird. (Mehr dazu gleich.)

Der Store kann noch weitere nützliche Methoden anbieten, zum Beispiel die Gesamtzahl an Datensätzen und die Daten einer einzelnen Zeile:

```
getCount(): number {
  return data.length;
},

getRecord(recordId: number): ?Object {
  return recordId in data ? data[recordId] : null;
},
```

Und damit die App gestartet werden kann, müssen Sie den Store initialisieren. Das geschah vorher in *app.js*, aber eigentlich gehört es in den Store, sodass Sie nur eine Stelle haben, die mit den Daten arbeitet:

```
init(initialSchema: Array<Object>) {
  schema = initialSchema;
  const storage = 'localStorage' in window
    ? localStorage.getItem('data')
    : null;

  if (!storage) {
    data = [{}];
    schema.forEach(item => data[0][item.id] = item.sample);
  } else {
    data = JSON.parse(storage);
  }
},
```

app.js startet die Anwendung nun wie folgt:

```
// ...
import CRUDStore from './flux/CRUDStore';
import Whinepad from './components/Whinepad';
import schema from './schema';

CRUDStore.init(schema);

ReactDOM.render(
  <div>
    {/* mehr JSX */}
    <Whinepad />
  {/* ... */}
);
```

Wie Sie sehen, braucht <Whinepad> keine Eigenschaften mehr, nachdem der Store einmal initialisiert wurde. Die benötigten Daten stehen über `CRUDStore.getData()` zur Verfügung, und die Beschreibung erhält die Komponente über `CRUDStore.getSchema()`.

> Sie fragen sich vielleicht, warum der Store die Daten selbst liest, sich dann aber das Schema von außen übergeben lässt. Natürlich können Sie den Store das `schema`-Modul selbst importieren lassen. Aber vielleicht ist es sinnvoller, dass die Anwendung sich darum kümmert, woher das Schema kommt. Ist es ein Modul, ist es hartcodiert oder durch den Benutzer definiert?

Store-Events

Erinnern Sie sich an das `emitter.emit('change');`, wenn der Store seine Daten aktualisiert? Das ist ein Weg für den Store, interessierte UI-Module darüber zu informieren, dass sich die Daten geändert haben und dass sie sich selbst aktualisieren können, indem sie die neuen Daten aus dem Store lesen. Aber wie wird dieses Auslösen des Events implementiert?

Es gibt viele Wege, ein Event-Subscription-Muster zu implementieren – im Kern geht es eigentlich nur darum, eine Liste interessierter Teilnehmer (Subscriber) zusammenzustellen und beim Auftreten eines Ereignisses den Callback jedes Subscribers (eine Funktion, die dieser beim »Einschreiben« angegeben hat) aufzurufen.

Statt hier alles selbst zu bauen, wollen wir dazu dieses Mal eine kleine Open-Source-Bibliothek namens `fbemitter` einsetzen:

```
$ npm i --save-dev fbemitter
```

Passen Sie die *.flowconfig* an:

```
[ignore]
.*/fbemitter/node_modules/.*
# und so weiter

[include]
node_modules/classnames
node_modules/fbemitter
# und so weiter
```

Das Importieren und Initialisieren des Event-Emitters geschieht am Anfang des Store-Moduls:

```
/* @flow */

import {EventEmitter} from 'fbemitter';

let data;
let schema;
const emitter = new EventEmitter();

const CRUDStore = {
  // ...
};

export default CRUDStore
```

Der Emitter hat zwei Aufgaben:

- Subskriptionen sammeln
- Subscriber benachrichtigen (wie bei `emitter.emit('change')` in `setData()`)

Sie können die Subskriptions-Collection als Methode im Store anbieten, sodass die Aufrufer nichts über deren Details wissen müssen:

```
const CRUDStore = {
  // ...
  addListener(eventType: string, fn: Function) {
    emitter.addListener(eventType, fn);
  },
  // ...
};
```

Und damit sind die Features des `CRUDStore` fertig implementiert.

Den Store in <Whinepad> verwenden

Die `<Whinepad>`-Komponente ist in der Flux-Welt viel einfacher. Die größte Vereinfachung entsteht dadurch, dass Features an `CRUDActions` ausgelagert werden (auf die wir gleich zu sprechen kommen), aber auch `CRUDStore` hilft hier. `this.state.data` ist nicht länger notwendig. Es musste sowieso nur vorhanden sein, um es an `<Excel>` weiterzureichen. Aber jetzt kann `<Excel>` selbst auf den Store zugreifen. Tatsächlich braucht `<Whinepad>` den Store gar nicht. Aber wir wollen noch ein Feature hinzufügen, das den Store dann doch erforderlich macht. Im Suchfeld soll die Anzahl der Datensätze angezeigt werden (Abbildung 8-2).

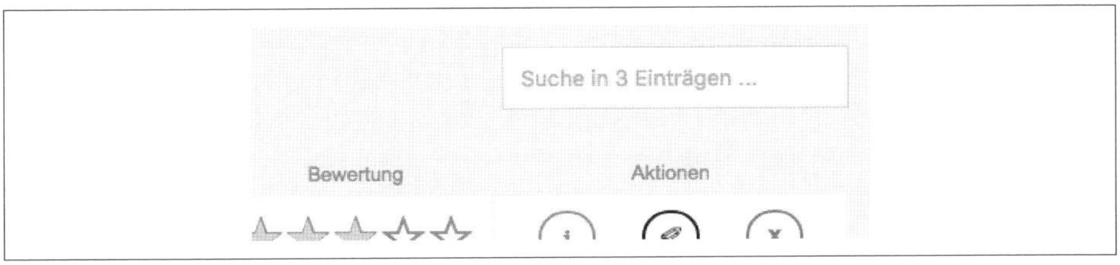

Abbildung 8-2: Anzahl der Datensätze im Suchfeld

Zuvor wurde in der `constructor()`-Methode von `<Whinepad>` der Status so gesetzt:

```
this.state = {
  data: props.initialData,
  addnew: false,
};
```

Jetzt brauchen Sie `data` nicht mehr, aber einen Zähler. Also initialisieren Sie, indem Sie aus dem Store lesen:

```
/* @flow */

// ...
import CRUDStore from '../flux/CRUDStore';
// ...

class Whinepad extends Component {
  constructor() {
    super();
    this.state = {
      addnew: false,
      count: CRUDStore.getCount(),
    };
  }
  /* ... */
}

export default Whinepad
```

Zusätzlich müssen wir uns nun noch im Konstruktor für Änderungen im Store subskribieren, damit wir die Gesamtanzahl in `this.state` anpassen können:

```
constructor() {
  super();
  this.state = {
    addnew: false,
    count: CRUDStore.getCount(),
  };

  CRUDStore.addListener('change', () => {
    this.setState({
      count: CRUDStore.getCount(),
    })
  });
}
```

Das ist schon alles, was an Interaktion mit dem Store erforderlich ist. Immer dann, wenn sich die Daten im Store ändern (und das `setData()` im `CRUDStore` aufgerufen wird), gibt der Store ein »change«-Event aus. `<Whinepad>` lauscht auf dieses Event und passt seinen Status an. Wie Sie schon wissen, sorgt das Setzen des Status für ein neues Rendern, daher wird die Methode `render()` wieder aufgerufen. Dort läuft alles wie üblich ab, das UI wird anhand von `state` und `props` erstellt:

```
render() {
  return (
    {/* ... */}
    <input
      placeholder={this.state.count === 1
        ? 'Suche in 1 Eintrag ...'
        : `Suche in ${this.state.count} Einträgen ...`
      }
    />
    {/* ... */}
  );
}
```

`<Whinepad>` kann zusätzlich noch die Methode `shouldComponentUpdate()` implementieren. Es kann Änderungen an den Daten geben, die deren Gesamtzahl nicht verändern (zum Beispiel das Bearbeiten eines Datensatzes oder eines einzelnen Felds). In diesem Fall muss die Komponente nicht neu gerendert werden:

```
shouldComponentUpdate(newProps: Object, newState: State): boolean {
  return (
    newState.addnew !== this.state.addnew ||
    newState.count !== this.state.count
  );
}
```

Schließlich muss `<Whinepad>` die Daten und das Schema nicht mehr an `<Excel>` weitergeben, und es braucht sich auch nicht mehr auf `onDataChange` zu registrieren, weil alle Änderungen durch ein »change«-Event aus dem Store mitgeteilt werden. Der relevante Teil von `render()` in `<Whinepad>` ist daher nur noch:

```
render() {
  return (
    {/* ... */}
```

```
      <div className="WhinepadDatagrid">
        <Excel />
      </div>
      {/* ... */}
    );
  }
```

Den Store in <Excel> verwenden

Wie `<Whinepad>` benötigt auch `<Excel>` keine Eigenschaften mehr. Der Konstruktor kann das `schema` aus dem Store lesen und sich als `this.schema` merken. Es gibt wirklich keinen Unterschied zwischen `this.state.schema` und `this.schema`, nur dass bei `state` ein gewisser Grad von Veränderung angenommen wird, während das Schema konstant bleibt.

Die Daten werden nun initial als `this.state.data` aus dem Store gelesen und nicht mehr als Eigenschaft übergeben.

Schließlich subskribiert der Konstruktor noch auf das »change«-Event des Stores, sodass der Status immer mit den neuesten Daten aktualisiert werden kann (und dann ein erneutes Rendern auslöst):

```
constructor() {
  super();
  this.state = {
    data: CRUDStore.getData(),
    sortby: null, // schema.id
    descending: false,
    edit: null, // {row index, schema.id},
    dialog: null, // {type, idx}
  };
  this.schema = CRUDStore.getSchema();
  CRUDStore.addListener('change', () => {
    this.setState({
      data: CRUDStore.getData(),
    })
  });
}
```

Das ist alles, was `<Excel>` tun muss, um vom Store zu profitieren. Die Methode `render()` liest weiterhin aus `this.state`, um die Daten wie zuvor darzustellen.

Sie fragen sich vielleicht, warum Sie die Daten aus dem Store nach `this.state` kopieren müssen. Ist es für die `render()`-Methode möglich, direkt auf den Store zuzugreifen und von dort zu lesen? Nun, das ist es sicherlich. Aber die Komponente verliert ihre »Reinheit«. Denken Sie daran, dass eine »reine Render-Komponente« nur anhand ihrer `props` und ihres `state` gerendert wird. Jeder Funktionsaufruf in `render()` sorgt erst einmal für Misstrauen – Sie wissen nie, was für Werte Sie bei einem externen Aufruf bekommen. Die Komponente lässt sich dann schwieriger debuggen, und die Anwendung wird weniger vorhersagbar: »Warum wird hier 2 angezeigt, wo der Status doch 1 enthält? Ah, es gibt einen Funktionsaufruf in `render()`.«

Den Store in <Form> verwenden

Die Formular-Komponente nutzt auch das Schema (als Eigenschaft `fields`) und eine Eigenschaft `defaultValues`, um die Felder vorzubefüllen oder eine schreibgeschützte Version anzuzeigen. Beide stehen nun im Store zur Verfügung. Das Formular kann als eine Eigenschaft `recordId` nehmen und die Daten aus dem Store lesen:

```
/* @flow */

import CRUDStore from '../flux/CRUDStore';

// ...

type Props = {
  readonly?: boolean,
  recordId: ?number,
};

class Form extends Component {
  fields: Array<Object>;
  initialData: ?Object;

  constructor(props: Props) {
    super(props);
    this.fields = CRUDStore.getSchema();
    if ('recordId' in this.props) {
      this.initialData = CRUDStore.getRecord(this.props.recordId);
    }
  }

  // ...
}

export default Form
```

Das Formular registriert sich nicht für das Change-Event des Stores, weil es sich während seines Einsatzes gar nicht für Datenänderungen interessiert, es könnte aber durchaus ein sinnvolles Szenario sein. Stellen Sie sich vor, ein anderer Benutzer bearbeitet die Daten zur gleichen Zeit, oder der gleiche Benutzer öffnet die App in zwei Tabs und bearbeitet in beiden den gleichen Datensatz. In diesem Fall können Sie auf Datenänderungen lauschen und den Benutzer darüber informieren, dass die Daten an anderer Stelle aktualisiert wurden.

Die Grenze definieren

Wo ziehen Sie die Grenze zwischen dem Flux-Store und dem Einsatz von Eigenschaften wie bei der Vor-Flux-Implementierung? Der Store ist ein praktischer Shop, der alles an Daten bietet. Er erspart es Ihnen, Eigenschaften herumzureichen. Aber die Komponenten werden weniger wiederverwendbar. Sie können `Excel` jetzt nicht mehr in einem ganz anderen Kontext einsetzen, weil es hartcodiert nach Daten in `CRUDStore` sucht. Solange der neue Kontext allerdings ebenfalls CRUD-ähnlich aufgebaut ist (was wohl der Fall sein wird – warum bräuchten Sie sonst eine bearbeitbare Datentabelle?), können Sie den Store natürlich mit einbauen. Denken Sie daran: Eine App kann so viele Stores nutzen, wie sie braucht.

Low-Level-Komponenten wie Buttons und Formularfelder ignorieren den Store am besten. Sie nutzt man am einfachsten über Eigenschaften. Jeder Komponententyp, der zwischen den Extremen liegt – einfachen Buttons (wie `<Button>`) und obersten Eltern-Komponenten (wie `<Whinepad>`) –, befindet sich in einem Graubereich, in dem Sie selbst eine Entscheidung fällen müssen. Sollte `<Form>` mit dem CRUD-Store verbunden sein (wie eben gezeigt), oder sollte es keinen Store benötigen und überall wiederverwendbar sein? Entscheiden Sie sich anhand der aktuellen Aufgabe und der Wahrscheinlichkeit, dass die Komponente wiederverwendet werden könnte.

Actions

Actions definieren, wie die Daten im Store geändert werden. Interagiert der Benutzer mit der View, führt er eine Aktion aus, die den Store aktualisiert, der dann ein Event an die Views schickt, die an dieser Änderung interessiert sind.

Um `CRUDActions` zu implementieren, die den `CRUDStore` aktualisieren, halten Sie es wieder möglichst einfach – nehmen Sie ein weiteres normales JavaScript-Objekt:

```
/* @flow */

import CRUDStore from './CRUDStore';

const CRUDActions = {
  /* Methoden */
};

export default CRUDActions
```

CRUD-Actions

Was für Methoden sollen im Modul `CRUDActions` implementiert werden? Nun, natürlich die üblichen Verdächtigen – `create()`, `delete()`, `update()`, … Allerdings ist es in dieser App möglich, entweder einen ganzen Datensatz oder nur ein einzelnes Feld zu aktualisieren, also implementieren wir `updateRecord()` und `update Field()`:

```
/* @flow */
/* ... */
const CRUDActions = {
  create(newRecord: Object) {
    let data = CRUDStore.getData();
```

```
    data.unshift(newRecord);
    CRUDStore.setData(data);
},

  delete(recordId: number) {
    let data = CRUDStore.getData();
    data.splice(recordId, 1);
    CRUDStore.setData(data);
},

  updateRecord(recordId: number, newRecord: Object) {
    let data = CRUDStore.getData();
    data[recordId] = newRecord;
    CRUDStore.setData(data);
},

  updateField(recordId: number, key: string, value: string|number) {
    let data = CRUDStore.getData();
    data[recordId][key] = value;
    CRUDStore.setData(data);
  },

  /* ... */
};
```

Das sieht alles ziemlich trivial aus – Sie lesen die aktuellen Daten aus dem Store, bearbeiten sie irgendwie (aktualisieren, löschen, hinzufügen) und schreiben sie wieder zurück.

Sie brauchen das R aus CRUD nicht, da es schon durch den Store umgesetzt wird.

Suchen und sortieren

In der vorigen Implementierung war die `<Whinepad>`-Komponente für das Durchsuchen der Daten verantwortlich. Das lag vor allem daran, dass das Suchfeld durch diese Komponente gerendert wurde. Aber eigentlich sollte das Ganze näher bei den Daten liegen.

Genauso war die Sortierfunktion Teil der `<Excel>`-Komponente, denn darin befinden sich auch der Tabellenkopf und die `onclick`-Handler, die das Sortieren auslösen. Aber auch hier gehört das Sortieren näher an die Daten.

Sie können lange darüber diskutieren, ob das Durchsuchen und Sortieren der Daten zu den Actions oder in den Store gehören. Beides ist in Ordnung. In dieser Implementierung wollen wir den Store aber möglichst dumm halten. Er kennt nur `get` und `set` und ist für das Verschicken der Events verantwortlich. Die Actions sind für das Manipulieren der Daten zuständig, also verschieben wir das Durchsuchen und Sortieren weg von den UI-Komponenten in das Modul `CRUDActions`:

```
/* @flow */
/* ... */
const CRUDActions = {

  /* ... CRUD-Methoden ... */

  _preSearchData: null,

  startSearching() {
    this._preSearchData = CRUDStore.getData();
  },

  search(e: Event) {
    const target = ((e.target: any): HTMLInputElement);
    const needle: string = target.value.toLowerCase();
    if (!needle) {
      CRUDStore.setData(this._preSearchData);
      return;
    }
    const fields = CRUDStore.getSchema().map(item => item.id);
    if (!this._preSearchData) {
      return;
    }
    const searchdata = this._preSearchData.filter(row => {
      for (let f = 0; f < fields.length; f++) {
        if (row[fields[f]].toString().toLowerCase()
          .indexOf(needle) > -1) {
          return true;
        }
      }
      return false;
    });
    CRUDStore.setData(searchdata, /* commit */ false);
  },

  _sortCallback(
    a: (string|number), b: (string|number), descending: boolean
  ): number {
    let res: number = 0;
    if (typeof a === 'number' && typeof b === 'number') {
      res=a-b;
    } else {
      res = String(a).localeCompare(String(b));
    }
    return descending ? -1 * res : res;
  },

  sort(key: string, descending: boolean) {
    CRUDStore.setData(CRUDStore.getData().sort(
      (a, b) => this._sortCallback(a[key], b[key], descending)
    ));
  },

};
```

Damit sind alle Features der `CRUDActions` umgesetzt. Schauen wir uns an, wie sie in `<Whinepad>` und `<Excel>` genutzt werden.

> Vielleicht sind Sie der Meinung, dass dieser Teil der `sort()`-Funktion nicht in die `CRUDActions` gehört:
>
> ```
> search(e: Event) {
>   const target = ((e.target: any): HTMLInputElement);
>   const needle: string = target.value.toLowerCase();
>   /* ... */
> }
> ```
>
> Das Actions-Modul dürfte eigentlich nichts über das UI wissen, daher sollte eine »saubere« Signatur so aussehen:
>
> ```
> search(needle: string) {
>   /* ... */
> }
> ```
>
> Damit haben Sie nicht unrecht, und Sie können das gern bei sich so umsetzen. Es ist nur mehr Aufwand für `<Whinepad>` und würde auch mehr Code als nur `<input onChange="CRUDActions.search">` erfordern.

Die Actions in <Whinepad> einsetzen

Schauen wir uns nun an, wie das `<Whinepad>` aussieht, nachdem wir zu den Flux-Actions gewechselt haben. Zunächst einmal muss natürlich das Actions-Modul importiert werden:

```
/* @flow */

/* ... */
import CRUDActions from '../flux/CRUDActions';
/* ... */

class Whinepad extends Component {/* ... */}

export default Whinepad
```

Denken Sie daran: `Whinepad` ist für das Hinzufügen neuer und das Durchsuchen der bestehenden Datensätze verantwortlich (Abbildung 8-3).

Abbildung 8-3: Der Daten-Verantwortungsbereich von Whinepad

Beim Hinzufügen neuer Datensätze war Whinepad zuvor dafür verantwortlich, seinen eigenen Status this.state.data aktuell zu halten:

```
_addNew(action: string) {
  if (action === 'dismiss') {
    this.setState({addnew: false});
  } else {
    let data = Array.from(this.state.data);
    data.unshift(this.refs.form.getData());
    this.setState({
      addnew: false,
      data: data,
    });
    this._commitToStorage(data);
  }
}
```

Jetzt liegt diese Last auf den Schultern des Actions-Moduls, das den Store aktuell halten muss (die Single Source of Truth):

```
_addNew(action: string) {
  this.setState({addnew: false});
  if (action === 'confirm') {
    CRUDActions.create(this.refs.form.getData());
  }
}
```

Der Status fällt heraus, es sind keine Daten zu bearbeiten. Gibt es eine Benutzeraktion, wird einfach delegiert und dem unidirektionalen Datenfluss gefolgt.

Beim Durchsuchen ist es genauso. Zuvor geschah es im eigenen this.state.data der Komponente, aber jetzt:

```
<input
  placeholder={this.state.count === 1
    ? 'Suche in 1 Eintrag ...'
    : `Suche in ${this.state.count} Einträgen ...`
  }
  onChange={CRUDActions.search.bind(CRUDActions)}
  onFocus={CRUDActions.startSearching.bind(CRUDActions)} />
```

Die Actions in <Excel> verwenden

Excel ist der Konsument für das Sortieren, Löschen und Aktualisieren, das CRUDActions bereitstellt. So sah das Löschen zuvor aus:

```
_deleteConfirmationClick(action: string) {
  if (action === 'dismiss') {
    this._closeDialog();
    return;
  }
  const index = this.state.dialog ? this.state.dialog.idx : null;
  invariant(typeof index === 'number', 'Falscher Dialog-Status');
  let data = Array.from(this.state.data);
```

```
    data.splice(index, 1);
    this.setState({
      dialog: null,
      data: data,
    });
    this._fireDataChange(data);
  }
```

Nun sieht es so aus:

```
  _deleteConfirmationClick(action: string) {
    this.setState({dialog: null});
    if (action === 'dismiss') {
      return;
    }
    const index = this.state.dialog && this.state.dialog.idx;
    invariant(typeof index === 'number', 'Falscher Dialog-Status');
    CRUDActions.delete(index);
  }
```

Es muss kein Event mehr gefeuert werden, weil niemand auf `Excel` lauscht – jeder, der Interesse hat, hört auf den Store. Und man muss nicht mehr `this.state.data` bearbeiten. Stattdessen kümmert sich das Actions-Modul darum, und es aktualisiert selbst, wenn der Store ein Event schickt.

Beim Sortieren und Aktualisieren von Datensätzen ist es ähnlich. Das Bearbeiten der Daten wird zu einem einzelnen Aufruf der `CRUDActions`-Methoden:

```
/* @flow */

/* ... */
import CRUDActions from '../flux-imm/CRUDActions';
/* ... */

class Excel extends Component {
  /* ... */

  _sort(key: string) {
    const descending = this.state.sortby === key &&
      !this.state.descending;
    CRUDActions.sort(key, descending);
    this.setState({
      sortby: key,
      descending: descending,
    });
  }

  _save(e: Event) {
    e.preventDefault();
    invariant(this.state.edit, 'Edit-Status falsch');
    CRUDActions.updateField(
      this.state.edit.row,
```

```
      this.state.edit.key,
      this.refs.input.getValue()
    );
    this.setState({
      edit: null,
    });
  }

  _saveDataDialog(action: string) {
    this.setState({dialog: null});
    if (action === 'dismiss') {
      return;
    }
    const index = this.state.dialog && this.state.dialog.idx;
    invariant(typeof index === 'number',
      'Falscher Dialog-Status');
    CRUDActions.updateRecord(index, this.refs.form.getData());
  }

  /* ... */
};

export default Excel
```

Die vollständig umgewandelte Version der Whinepad-App, die Flux verwendet, finden Sie im Code-Repository zum Buch (*https://github.com/stoyan/reactbook/*).

Zusammenfassung

Und das war's. Die App ist jetzt so angepasst, dass sie die Flux-Architektur nutzt (zumindest eine selbst gebaute Version davon). Sie haben eine View, die Actions verschickt, die wiederum den einen Store aktualisieren, der dann Events verschickt. Die View lauscht auf diese Events und aktualisiert sich. Ein vollständiger Kreislauf.

Es gibt Erweiterungen zu diesem Ansatz, die bei einer wachsenden Anwendung hilfreich sein können.

Nicht nur die View kann Actions schicken (Abbildung 8-4), sie können auch vom Server kommen. Vielleicht sind irgendwelche Daten veraltet. Vielleicht haben andere Benutzer mit den Daten gearbeitet, und die App hat das durch eine Synchronisation mit dem Server herausgefunden. Oder vielleicht ist auch nur eine gewisse Zeit vergangen, und jetzt muss eine Aktion stattfinden. (Die Tickets sind nicht mehr für Sie reserviert, und die Session ist abgelaufen. Bitte neu starten!)

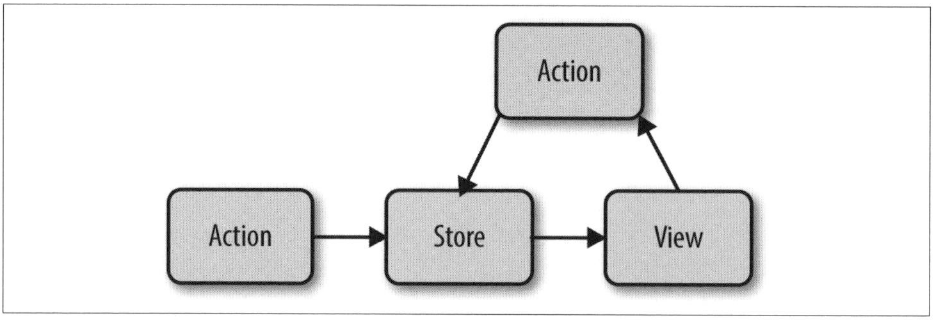

Abbildung 8-4: Mehr Actions

Geraten Sie in eine Situation, in der die Actions von mehreren Quellen stammen können, kann ein einzelner Dispatcher hilfreich werden (Abbildung 8-5). Der *Dispatcher* ist dafür verantwortlich, alle diese Actions an den Store (oder die Stores) weiterzuleiten.

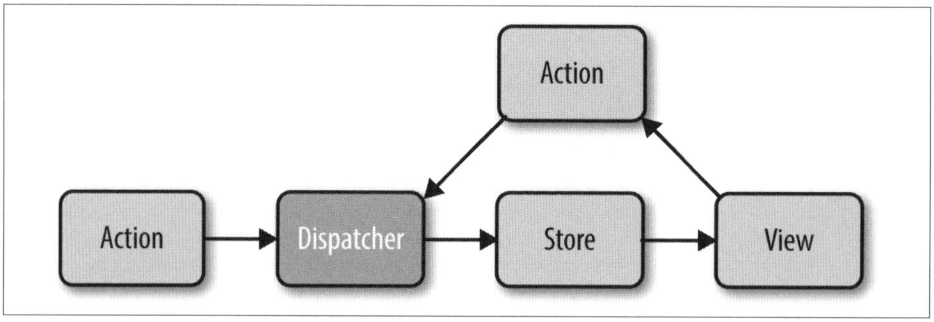

Abbildung 8-5: Ein Dispatcher

Und in noch interessanteren Anwendungen haben Sie mehrere Actions aus dem UI, andere Actions vom Server oder aus einer anderen Quelle und mehrere Stores, die alle für ihre jeweiligen Daten verantwortlich sind (Abbildung 8-6).

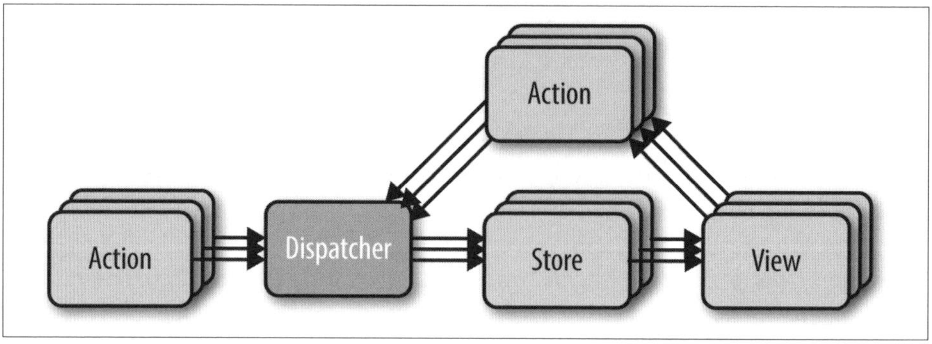

Abbildung 8-6: Ein komplizierterer, aber immer noch unidirektionaler Datenfluss

Es gibt eine ganze Reihe von Open-Source-Lösungen, die eine Flux-Architektur implementieren. Aber Sie können auch immer versuchen, klein zu beginnen und dann im Laufe der Entwicklung zu wachsen – entweder durch das Weiterentwickeln einer selbst gebauten Lösung oder durch die Wahl einer Open-Source-Lösung, von der Sie nun wissen, wie Sie sie bewerten können.

Immutable

Beenden wir das Buch mit einer kleinen Änderung an den Flux-Elementen – dem Store und den Actions. Wechseln wir zu einer immutablen Datenstruktur für die Wein-Datensätze. *Immutable* (»unveränderlich«) ist bei React-Anwendungen ein sehr verbreitetes Muster, auch wenn es mit React selbst nichts zu tun hat.

Ein immutables Objekt wird einmal erstellt und kann dann nicht mehr geändert werden. Immutable Objekte lassen sich meist einfacher verstehen, und man kann besser über sie nachdenken. So sind Strings häufig hinter den Kulissen als immutable Objekte implementiert.

In JavaScript können Sie das NPM-Paket `immutable` nutzen, um die Idee umzusetzen:

```
$ npm i --save-dev immutable
```

Ergänzen Sie nun noch Ihre *.flowconfig*:

```
# ...

[include]
# ...
node_modules/immutable

# ...
```

> Die vollständige Dokumentation der Bibliothek finden Sie online unter *http://facebook.github.io/immutable-js/*.

Da der Umgang mit den Daten nun in den Store- und Actions-Modulen stattfindet, brauchen auch nur diese beiden Elemente ein Update.

Immutable Store Data

Die Bibliothek `immutable` bietet unter anderem die Datenstrukturen `List`, `Stack` und `Map`. Wir werden hier `List` wählen, weil sie am nahesten am Array liegt, das bisher genutzt wurde:

```
/* @flow */

import {EventEmitter} from 'fbemitter';
```

```
import {List} from 'immutable';

let data: List<Object>;
let schema;
const emitter = new EventEmitter();
```

Beachten Sie den neuen Typ für `data` – eine `immutable List`.

Sie erstellen neue Listen mit `let list = List()` und übergeben ein paar initiale Werte. Schauen wir, wie der Store die Liste nun initialisiert:

```
const CRUDStore = {

  init(initialSchema: Array<Object>) {
    schema = initialSchema;
    const storage = 'localStorage' in window
      ? localStorage.getItem('data')
      : null;
    if (!storage) {
      let initialRecord = {};
      schema.forEach(item => initialRecord[item.id] = item.sample);
      data = List([initialRecord]);
    } else {
      data = List(JSON.parse(storage));
    }
  },

  /* .. */
};
```

Wie Sie sehen, wird die Liste mit einem Array initialisiert. Ab da können Sie ihre API nutzen, um mit den Daten zu arbeiten. Und einmal erstellt, ist die Liste immutable und kann nicht geändert werden. (Aber alle Aktualisierungen geschehen in `CRUDActions`, wie Sie gleich sehen werden.)

Abgesehen von der Initialisierung und der Typanmerkung wurde nicht viel im Store geändert – er kümmert sich nur um das Lesen und Schreiben.

Eine kleine Änderung in `getCount()` kommt noch dazu, da die immutable List keine Eigenschaft `length` besitzt:

```
// vorher
getCount(): number {
  return data.length;
},

// nachher
getCount(): number {
  return data.count(); // `data.size` geht auch
},
```

Und `getRecord()` muss ebenfalls noch geändert werden, weil die Immutable-Bibliothek im Gegensatz zu den eingebauten Arrays keinen Zugriff über Schlüssel erlaubt:

```
// vorher
getRecord(recordId: number): ?Object {
  return recordId in data ? data[recordId] : null;
},

// nachher
getRecord(recordId: number): ?Object {
  return data.get(recordId);
},
```

Daten ändern in immutablen Strukturen

Überlegen Sie sich, wie Stringmethoden in JavaScript funktionieren:

```
let hi = 'Hallo';
let ho = hi.toLowerCase();
hi; // "Hallo"
ho; // "hallo"
```

Der `hi` zugewiesene String hat sich nicht geändert. Stattdessen wurde ein neuer String erzeugt.

Genauso ist es bei einer immutable List:

```
let list = List([1, 2]);
let newlist = list.push(3, 4);
list.size; // 2
newlist.size; // 4
list.toArray(); // Array [ 1, 2 ]
newlist.toArray() // Array [ 1, 2, 3, 4 ]
```

> Ist Ihnen die `push()`-Methode aufgefallen? Immutable Lists verhalten sich größtenteils wie Arrays, daher stehen `map()`, `forEach()` usw. auch hier zur Verfügung. Das ist zum Teil der Grund dafür, dass sich die UI-Komponenten nicht deutlich ändern müssen. (Tatsächlich war nur genau eine Anpassung nötig – ein Array-Zugriff über eckige Klammern.) Der andere Grund ist, dass die Daten wie schon erwähnt nun vor allem im Store und in den Actions verarbeitet werden.

Wie wird nun das Actions-Modul von den Änderungen an der Datenstruktur betroffen sein? Nun, nicht sehr. Da die immutable Lists `sort()` und `filter()` anbieten, sind beim Suchen und Sortieren keine Änderungen nötig. Nur `create()`, `delete()` und die beiden `update*()`-Methoden müssen angepasst werden.

Schauen wir uns die Methode `delete()` an:

```
/* @flow */

import CRUDStore from './CRUDStore';
import {List} from 'immutable';

const CRUDActions = {
```

```
  /* ... */

  delete(recordId: number) {
    // vorher:
    // let data = CRUDStore.getData();
    // data.splice(recordId, 1);
    // CRUDStore.setData(data);

    // nachher:
    let data: List<Object> = CRUDStore.getData();
    CRUDStore.setData(data.remove(recordId));
  },

  /* ... */

};

export default CRUDActions;
```

Die JavaScript-Funktion splice() ist vielleicht ein wenig seltsam benannt, aber sie gibt trotzdem einen Teil eines Arrays zurück, wobei das Original verändert wird. Das macht ihren Einsatz in nur einer Zeile Code etwas verwirrend. Die immutable List lässt sich hingegen problemlos in einer Zeile verwenden. Wenn die Typanmerkung nicht wäre, könnte sie so aussehen:

```
delete(recordId: number) {
  CRUDStore.setData(CRUDStore.getData().remove(recordId));
},
```

In der immutablen Welt beeinflusst das passend benannte remove() nicht die Originalliste, denn diese ist immutable. Die Methode remove() erzeugt eine neue Liste, aus der ein Element entfernt wurde. Dann weisen Sie diese neue Liste dem Store als neu zu speichernde Daten zu.

Die anderen Methoden zum Bearbeiten der Daten sind ähnlich und ebenfalls einfacher als ihre Version mit Arrays:

```
/* ... */
create(newRecord: Object) { // unshift() - wie Arrays
  CRUDStore.setData(CRUDStore.getData().unshift(newRecord));
},

updateRecord(recordId: number, newRecord: Object) {
  // set(), da es kein [] gibt
  CRUDStore.setData(CRUDStore.getData().set(recordId, newRecord));
},

updateField(recordId: number, key: string, value: string|number) {
  let record = CRUDStore.getData().get(recordId);
  record[key] = value;
  CRUDStore.setData(CRUDStore.getData().set(recordId, record));
},

/* ... */
```

Und das ist es schon! Sie haben jetzt eine App, die folgende Elemente einsetzt:

- React-Komponenten, um das UI zu definieren
- JSX zum Erstellen der Komponenten
- Flux zum Organisieren des Datenflusses
- immutable Daten
- Babel, um die neuesten ECMAScript-Features verwenden zu können
- Flow für die Typprüfung und zum Prüfen auf Syntaxfehler
- ESLint für das Prüfen auf weitere Fehler und das Einhalten von Konventionen
- Jest für Unit Tests

> Wie immer können Sie die vollständige funktionierende Version 3 der Whinepad-App (»The Immutable Edition«) im Code-Repository des Buchs anschauen (*https://github.com/stoyan/reactbook/*). Und Sie können mit ihr unter *http://whinepad.com* spielen.

Index

S

T

U

V

W

X

Z

Über den Autor

Stoyan Stefanov ist Facebook-Entwickler. Zuvor arbeitete er bei Yahoo!, war dort der Vater des Online-Bildoptimierers smush.it und Architekt des Performancetools YSlow 2.0. Stoyan ist Autor von *JavaScript Patterns* (O'Reilly, 2011, *http://www.oreilly.de/buecher/120184/9783897215986-javascript-patterns.html*) und *Object-Oriented JavaScript* (Packt Publishing, 2008), beteiligt an *Even Faster Web Sites* und *High-Performance JavaScript*, er ist Blogger (*http://www.phpied.com/*) und häufiger Sprecher auf Konferenzen, unter anderem bei Velocity, JSConf, Fronteers und vielen anderen.

Kolophon

Das auf dem Buchtitel von *Durchstarten mit React* abgebildete Tier ist ein Iiwi. Die Tochter des Autors wählte ihn aus, nachdem sie in der Schule ein Referat darüber gehalten hatte. Der Iiwi ist der dritthäufigste einheimische Landvogel auf den Hawaii-Inseln, allerdings sind viele Spezies in seiner Familie der Finken gefährdet oder schon ausgestorben. Dieser kleine Vogel ist einer der bekanntesten hawaiianischen Vögel, seine größten Kolonien leben auf Hawaii, Maui und Kauai.

Ausgewachsene Iiwis sind vorwiegend feuerrot, sie haben schwarze Flügel und Schwänze, außerdem einen langen, gebogenen Schnabel. Durch diese Färbung, die sich deutlich vom Grün der umgebenden Fauna abhebt, lässt er sich leicht in der Wildnis entdecken. Seine Federn wurden zwar zum Schmücken der Kopfbedeckungen hawaiianischer Adliger genutzt, seiner Ausrottung konnte er aber entgehen, da er als weniger heilig galt als sein Verwandter, der hawaiianische Mamo.

Der Iiwi ernährt sich vorwiegend vom Nektar von Blüten und des Ohiabaums, allerdings stehen gelegentlich auch kleine Insekten auf seinem Speiseplan. Er folgt dabei im Laufe des Jahres dem Blühen der Pflanzen und kann auch die Inseln wechseln. Allerdings ist er aufgrund eingeschränkter Lebensräume auf Oahu und Molokai nur selten zu finden und auf Lanai seit 1929 ausgestorben.

Es gibt eine Reihe von Maßnahmen, die aktuelle Population zu schützen – die Vögel stecken sich leicht mit Vogelgrippe und Vogelpocken an, zudem leiden sie unter der Abholzung und dem Eindringen invasiver Pflanzenspezies. Wildschweine hinterlassen Suhlen, in denen Moskitos schlüpfen können, daher hat es geholfen, Waldbereiche abzusperren, um durch Moskitos übertragene Krankheiten einzudämmen. Zudem laufen Projekte, um Wälder aufzuforsten und fremde Pflanzenspezies zu entfernen, damit die von den Iiwis bevorzugte Fauna eine Chance hat, sich wieder auszubreiten.

Viele der Tiere auf den O'Reilly-Büchern sind gefährdet – alle sind für unser Ökosystem wichtig. Um mehr darüber zu erfahren, wie Sie den Tieren helfen können, schauen Sie auf *animals.oreilly.com* vorbei.